나를 닮은 일

나를 닮은 일

이렇게 일할 수도,
이렇게 살 수도 없을 때_____

김남규

묻고 엮음

일토

들어가는 말

지난겨울부터 올해 여름까지 여러 사람을 만나 일에 대한 이야기를 들었습니다. 그들이 어떤 선택을 했고, 왜 그 일을 선택했는지, 어떤 과정을 겪고 있으며 계획은 무엇인지, 그리고 선택에 후회는 없는지 묻고 들었습니다. 이 인터뷰는 그들의 선택과 과정에 대한 이야기입니다.

'내가 좋아하는 일은 무엇일까?', '내가 좋아하는 일로 먹고살 수 있을까?', '나는 열정이 부족하지 않은가?', '주변의 시선을 감당할 수 있을까?', '그래도 안정적이어야 하지 않을까?'.

이 의문들은 밖에서 들리는 소리일까요? 내 마음의 소리일까요?

『서점은 죽지 않는다』에서 저자 이시바시 다케후미는 "'현실' 역시 우리를 받아주기 어려운 상황이 된다면 '이상'을 향해 나아가는 편이 후회 없을 것"이라고 얘기합니다.

지금은 노력만으로 돈과 지위를 얻기 힘든 사회입니다. 그렇다면 오히려 지금이 '나의 일'을 생각해봐야 하는 시기 아닐까요. 직장을 다니면서 좋아하는 일을 시도해 볼 수도 있고, 자신이 좋아하거나 원하는 일이 무엇인지 모를 때에는 싫어하는 것을 피하는 방식도 생각해 볼 수 있습니다.

한 인터뷰이의 말처럼 "그 나이에, 그 당시에, 그 상황에 할 수 있는 최선"을 다하고, "이 사람도 재미있는 거 하는 데 나라고 못할쏘냐"라고 생각해 보는 건 어떨까요.

자신과 닮은 일을 선택하고, 그 과정을 만들어가는 이들의 이야기를 통해 삶의 방식은 다양하고, 선택은 가능하다는 것을 이야기하고 싶었습니다.

지금 당신은 어떤 일을 하고 있습니까?
당신에게 일은 무엇입니까?

차례

공연하는 **황금미영·윤종식** 10
편집하는 **박태하** 36
책 낸 **서굴** 60
책 파는 **박성민** 84
출근길 콘텐츠를 만드는 **김지언** 108
로컬숍을 연구하는 **조퇴계** 134
디자인하는 **OON** 174
연기하는 **김윤희** 196

'당신은 어떤 일을 하고 있나요'

공연하는 황금미영, 윤종식
음성 생활문화예술공간 소극장 '하다' 공동대표

하시는 일과 자기소개 부탁합니다.

황금 저는 연극을 하는 사람입니다.

윤 극장 운영과 기획, 스태프를 맡고 있습니다. 동네에서 필요하면 노래도 하고, 회계도 하고, 주로 뒤처리를 맡아서 합니다.

상당히 많은 일을 하시네요.

윤 일을 벌이면 수습하고.

황금 맞아요. 그렇게 담당이 나뉘어 있어요.

현재 음성에서 소극장 '하다'를 운영 중이신데요. 먼저 소극장을 하게 된 이유를 개인 이력에서 찾을 수 있지 않을까 싶습니다. 이전에는 어떤 일을 하셨나요.

황금 저는 연극을 하는 사람이었고, 오빠는 음악을 했어요. 어찌어찌하다 보니 개인적인 상황으로 음성에 내려가서 장사를 하게 됐는데 우리가 원래 하던 것이 아닌 다른 것으로 먹고사는 게 생각보다 수월치 않더라고요. 물론 어디서든 연극을 하고 음악 하는 건 배고픈 일이지만 장사를 해봐도 크게 다르지 않더라고요. '아니 이럴 거면 그냥 여기서도 하고 싶은 걸 하자. 어차피 굶고 살 거', 처음에는 그런 게 제일 컸어요.

윤 마지막이다 생각하고 시작한 거죠.

처음부터 소극장을 하려고 생각했던 건 아니고, 음성에 내려가게 된 게

먼저네요. 내려가서 하다 보니까 극장을 하게 된 거고요.

윤 연극을 하니까 공간이 있는 게 좋을 거 같고, 기왕이면 극장이 좋지 않을까 생각했어요.

일반적으로 좋아하는 일은 그래도 여유가 조금 있다든지 믿는 구석이 있을 때 해야 한다고 생각하지 않나요. 하던 일이 잘 안 될때, 차라리 이럴 거면 내가 좋아하는 일을 하자고 생각하기는 어려울 거 같은데요.

황금 저는 어렸을 때부터 장래 희망이 뭐냐고 물어보면 글 써서 먹고사는 거라고 했어요.

어렸을 때부터 먹고사는 걸 생각했네요. (웃음)

황금 예술을 하면 가난하다고들 하니까요. 그러다 연극을 하게 되면서부터 아침 해가 뜰 때 극장에 들어가서 해가 질 때 나오는 게 꿈이었어요.

지금도 같은 꿈을 꾸고 있나요?

황금 지금은 이뤘으니까요. 해 뜰 때 들어가서 해가 져서 나오니까 정말 좋죠. 사실 음성에 와서 원래 꿈꾸던 일과는 다른 일들을 하면서 느낀 부분이 많아요. <u>단순히 '하고 싶은 걸 한다'는 문제가 아니라 싫은 일을 억지로 하면서 내 존재가 없어지는 걸 많이 느꼈었거든요.</u> 우리 둘 다 그랬어요.

오히려 경험을 통해서 극장을 선택하는 게 훨씬 낫다고 생각하게 된 거네요.

황금 내가 살고 있다는 존재감을 느끼려면 뭘 해야 하지? 난 연극 밖에는 생각이 안 나는데……. 그런 생각을 했어요.

윤 극장을 만들기 전에 장사도 하고 그랬는데 장사가 웬만큼 됐다 하더라도 욕구는 있었을 거 같아요.

어려운 상황에서도 원하는 일을 선택하는 사람이라면 상황이 좋고, 좋지 않고를 떠나서 언젠가는 자연스럽게 하게 되는 일 아닐까 싶기도 하네요.

윤 아마 직장을 다니면 지금만큼은 벌겠지만 그래도 힘들잖아요. 먹고 살만큼 돈을 번다는 건 누구에게나 힘든 일일 텐데, 아마 다른 일을 하면서 지금만큼 힘들었으면 진작에 때려치웠을 거 같아요.

황금 맞아요.

윤 어려운 일이 있어도 하고 싶은 일을 하면서 힘이 드는 거니까, 그나마 버틸 수 있는 게 아닐까 싶죠.

내가 좋아하지 않는 일을 하면서 힘든 일이 생기면 더 견디기 힘들잖아요. 그런데 이 일은 다르죠.

윤 내가 선택했으니까요.

황금 그전에 장사할 때는 조금만 일이 생겨도 엄청나게 저

자신을 깎아내렸는데 지금은 그런 게 없어요. 내가 존재가치가 있다고 생각되는 일이라서 그런 거 같아요. 극장을 하면서부터는 내가 가장 빛난다는 생각을 자연스럽게 하게 돼요.

음성은 어떻게 해서 내려가게 된 건가요.

황금 서울에서 먹고 살기 어려워서 살길을 찾아다닌 여정 중 하나였죠. 작은 아버님이 음성에서 작은 공장을 하시거든요. 거기 사원들이 사용할 식당을 어머님이 하시게 된 거예요. 어머님께서 성수동에서 식당을 오랫동안 하셨거든요. 시작은 소일거리로 하는 의미였는데 어머님께서 혼자 하시기에는 너무 힘드셨던 거죠. 그러다가 어차피 너희는 돈도 못 벌고 있으니 내려오라고 하신 거예요.

윤 일 년 정도 하다가 식당은 너희가 맡아서 하라는 의미였어요.

만약 서울에서 경제적인 어려움이 없었다면 내려가지 않았을 수도 있고, 지금 소극장도 만들어지지 않았을 수 있었겠네요. 조금은 불행한 서울 생활의 연속?

황금 여전히 답이 없는 상태로 대학로 주변을 얼쩡거리고 있지 않았을까…….

윤 직장을 다니지 않았을까?

황금 그러면서 불행해 하고 있지 않았을까?

상황이 어려워진 게 오히려 꿈을 이루는 데 도움이 된 거네요.

윤 꿈을 찾아간 건 아니었는데. (웃음)

황금 다른 걸 해보니 답이 없네? 이럴 거면 다시 꿈을 찾자. 이렇게 된 경우인 거죠.

윤 서울을 벗어나면 생각보다 할 수 있는 게 많아요.

황금 우리가 서울에 너무 집착하고 있는 게 아닌가 하는 생각도 들었어요. 가면 일자리도 그렇고 할 수 있는 일들이 훨씬 많아요.

서울을 벗어나 지역으로 내려가고 싶다고 해도 새로운 생활에 대한 두려움이 생기기 마련이잖아요. 그런데 생각해보면 좀 더 힘이 있고 열의가 있을 때 선택하는 게 좋지 않을까 싶기도 해요.

황금 맞아요. 일찍 겪으면 가능성이 훨씬 많아요.

'좋아하는 일을 한다'고 하면 현실을 모른다거나 무모하다고 하는 사람도 있지 않을까 싶어요. 먹고살 만하니까 그러는 거 아니냐고 얘기하는 사람도 있을 테고요.

황금 사람들이 잘못 생각하고 있는 거죠. 경제적인 불안이 없으니까 그 일을 할 수 있는 거라는 잘못된 기준이 스스로 더 못하게 만드는 건 아닐까요? 제 친구 중에도 오빠네 집이 굉장히 부자일 거라고 생각하는 친구가 있어요. (웃음) 뭔가 있으니까, 믿는 구석이 있으니까 그러는 거라고 생각을 하는데……. 있으면 또 그렇게 할 수 있을까? 잘 모르겠어요.

윤 그거 까먹을까 봐 또 불안하지 않을까?

황금 관점의 문제인 거죠.

윤 하고 싶은 일을 하면 어쨌든 고민하고 생각하고 돌파구를 찾아보려고 하는데 하기 싫은 일을 하면 조금만 어려워져도 그냥 놔버리게 되잖아요.

황금 특히 오빠가 그렇지.

윤 그러다 보니까 나중에는 직장 다니는 이유가 아이 때문에.

황금 카드명세서 때문에.

윤 우리는 없이 살아본 최악의 경우들을 겪어 봐서 그런지 겁이 별로 없어요.

오히려 두려움은 많이 겪어보지 못한 사람들이 더 클 수도 있겠어요.

황금 어쨌든 살게 되던데 하는 그런 경험이 있어서.

윤 장사할 때도 천오백만 원으로 시작했고, 극장도 다해서 이천만 원 들었어요.

소극장을 하게 된 건 이전의 경험들이 축적됐기 때문에 할 수 있었던 거네요.

황금 대범하게 할 수 있었던 이유는 그런 게 있는 거 같아요.

별로 큰일 없다는 마음가짐.

황금 어차피 빚 몇천 더 늘어나는 거.

윤 어차피 망하면 그만이야. (웃음)

빚 몇천은 만만한 일이 아닐 거 같은데요. (웃음)

황금 어차피 힘든 거, 어떻게든 먹고살 수 있다는 믿음이 살짝 있어서요.

의외로 자기가 좋아하는 게 무엇인지 모르는 사람도 많지 않나요?

윤 좋아하는 일을 못 찾은 경우가 많을 거 같아요.

황금 가능성 자체를 없애버리니까요. 제 친구 중에 디자인하는 친구가 있는데, 그 친구는 한국에서 6개월 살면서 돈을 벌면 해외로 나가서 2년 돌아다니다 오고 그렇게 살거든요. 이제 나이도 적지 않은데. (웃음) 주변 사람들은 그 친구를 이해하지 못하더라고요.

이해 자체를 못하나요.

황금 저는 세상에서 그 친구가 제일 부러웠는데.

윤 주변에서는 왜 그러고 사느냐는 분위기랄까.

황금 친구들 사이에서도 "그래, 저렇게 사는 게 좋겠다"라고 하는 부류가 있는가 하면, 말은 좋겠다고 하지만 마음으로는 그렇게 생각하지 않는 친구들도 있거든요. 제가 들었던 말 중에서 가장 이해하기 어려웠던 건 "어떻게 미래도 없이 저렇게 살지"라는 말이었어요. 그건 좀 충격이었거든요. 그래서 그 말을 한 친구가 왜 그렇게 생각하는지 고민해 본 적이 있는데 그 친구는 어떤 시도조차 해본 적이 없다는 생각이 들었어요.

시도해 본 경험이 없어서 이해 자체가 안 되는 거라고 볼 수 있겠네요.

황금 저는 그 친구가 경험이 없구나, 어쩌면 처음부터 경험을 단절당했구나, '당했다'는 생각이 들어요.

윤 사실 어렸을 때 배운다는 거, 경험해 본다는 건 동경이잖아요. 가수나 화가 같은 걸 동경만 하지 직접 해보지는 못했던 거 같아요. 그런데 동경만 했던 사람은 쉽게 접을 수 있지만, 사람들 앞이나 무대에서 노래를 하고 연기를 하고 공연을 만들어 봤던 사람들은 쉽게 접지 못하거든요.

소극장 이름이 '하다'입니다. '한다', '하고 있다', 혹은 '저질러 버렸다'는 느낌인데요.

황금 저도 그런 의미로 만들었어요.

윤 글씨도 예쁠 거 같았어요. 한글로 써도 예쁘고, 영어로 써도 예쁠 거 같았고요. '하다'라는 게 그냥 하고 싶은 일을 한다는 의미도 있는데, 우리 둘이 하고 싶은 일을 한다는 것뿐만 아니라 동네 사람들도 하고 싶은 일을 할 수 있는 공간이라는 의미가 있어요.

아, 참여하는 사람들에게도 '하다'의 의미군요.

    윤 직장인 밴드도 있고요. 시골이지만 의외로 직장인 문화가 많아요, 욕구도 많고. 생활문화예술을 하고 싶은 사람들이 모여서 하고 싶은 걸 하는 공간. 부풀려서 얘기하면 '꿈'이라고 할 수 있어요.

'꿈'이요?

    윤 하고 싶다는 것도 '꿈'이잖아요.

소극장의 정식 명칭이 '하다'인가요?

    윤 정확한 명칭은 음성생활문화예술공간 '하다'인데, 소극장 '하다'라고도 부르죠.

소극장이라고 하면 보통 공연만을 생각하게 되는데요.
음성생활문화예술공간이라고 하니까 공간의 의미가 강하네요.

    황금 공간의 형태가 소극장으로 되어 있는 거죠.

규모가 어떻게 되나요.

    윤 실 평수가 36~37평이에요. 40평이 안 돼요. 작죠. 좌석은 아동극 할 때는 바닥에 방석 깔면 120석 나오고, 일반극을 하면 무대가 넓어야 하니까 70석 정도 돼요. 예매가 적으면 좌석을 넓혀서 인원에 맞게 놓고 무대를 넓게 쓰고요.

황금 연습 공간으로도 쓰니까요. 의자를 빼서 쌓아놓으면 확 넓어지죠.

윤 대신 힘이 들어요. (웃음)

황금 공사 자체를 둘이 다 했어요. 재료 사다가 전기공사하고 바닥도 우리가 다 깔고.

윤 무대 벽 세우는 목공 작업만 아는 선배가 와서 도와줬어요.

황금 페인트칠하다가 죽는 줄 알았어요.

윤 고생은 했지만, 조명 설치하고 처음 켰을 때의 기분이. (웃음)

황금 확실히 우리 손으로 만든 곳이라 좀 더 애착이 가는 거 같아요.

그런 과정들을 통해 만들어지다 보니 당연히 애착이 커지겠어요. 사람들과 만들어 가고 싶은 일, 하고 싶은 일도 더 많아지겠고요.

황금 극장에 들어왔을 때의 느낌도 딱딱 맞춰져 있는 게 아니라 진짜 서툴게 만들었구나 하는 느낌이 있거든요. 사람들이 보기에도 빈틈이 많나 봐요. 극장에 오셨던 분들이 극장에 없는 물건들을 가져다주기도 하고, 뭔가 해주려고 하는 분들이 많아요.

사람들이 큰 힘이네요.

황금 특히 극장은 더 그래요. 개인 공간이 아니라 사람들이 찾아와야 하는 공간이니까요.

수입은 주로 공연에서 나오는 건가요.

　황금　소극장 운영으로 얻는 수입은 거의 없어요. 표를 팔아도 공연비용으로 충당하기에 벅차거든요.

그렇다면 소극장을 통해 생겨나는 수입은 운영비로 사용하고 일단 손익분기점만 맞추자는 게 목표인가요?

　황금　마이너스만 치지 말자는 게 목표예요. 월세만 꼬박꼬박 낼 수 있으면 되니까요.

　윤　시골이라 공연을 하는 팀이 아예 없어요. 시골에는 학교에 공연 예산이 있거든요. 그런데 공연이 없으니까 우리 극장에서 좋은 공연을 하면 소개해달라는 요구가 있죠.

　황금　공연료 책정 자체가 공연을 만드는 사람들에게 충분히 책정되어 있지 않아요. 이번에 자체 제작 공연을 했거든요. 배우 6명에 스태프 2명, 뮤지컬 공연을 학교에서 하게 되면 음향 장비까지 다 들어가잖아요. 그럼 3백이 들어요. 인원만 8명인데 장비 사용료 빼고 나면 1인당 보수로 줄 수 있는 게 많지 않아요. 단순히 그날 하루의 공연만 보는 게 아니라 준비하는 과정까지 봐줘야 하는데…….

준비 과정까지 다 봐주지는 않지요.

　황금　그래서 극장에 부르는 공연인 경우에는 웬만하면 입장권 수입은 모두 다 가져가게 할 수 있는 구조를 만들려고 해요. 극장

운영비는 후원회원도 있고 직장인 밴드처럼 공간을 이용하는
사람들에게 운영비를 받아서 충당하려고 하고. 기타 교실에서
강습료를 내는데 만 원씩을 더 내서 운영비를 그들이 만들어 가는
방향으로 하려고요.

  윤 회원도 늘려야 하고요.

처음에 소극장이 생겼을 때 지역 주민들 반응은 어땠나요?

  황금 여기서는 소극장이라는 경험 자체가 없었잖아요.
아이들을 데리고 대학로에 가서 아동극을 봤던 사람들이나
예술에 관심이 있는 선생님들은 가까운 곳에 극장이 생겨서
좋아하시고요. 아직 어른들까지는 그렇고 아이들과 엄마들,
청소년들에게는 새로운 공간이 되어가고 있어요.

**그럼 처음부터 지역 주민들에게 문화예술 공간에 대한 수요랄까
기대감이 있었던 거네요.**

  황금 그렇죠. 관심이 생각보다 높았고, 다행히 근처에
혁신도시가 만들어져서 젊은 엄마들이 많아요.

  윤 동네가 작아서 그렇지 완전 시골은 아니니까요. 혁신도시에
가면 없는 게 없어요.

**주민들의 기대치가 있고 참여할 수 있는 주민들이 있는 것만으로도
상당히 고무적이네요.**

황금 극장을 만들기 전에는 '있으면 좋지, 그런데 여기서는 안 돼', 이런 반응이었어요.

안 된다는 건 수입이나 매출 때문에 운영이 어려울 거라는 얘기겠죠?

황금 무료공연에 익숙하다 보니까 '아무도 안 볼 거야, 아무도 안 갈 거야', 이런 생각이었던 거죠. '있으면 좋지만 여기 사람들은 그런 거 몰라'라고 생각들을 했는데 결과적으로는 있으면 좋겠다고 생각한 사람이 많았다는 거죠.

윤 무료가 아니라도 돈을 내고 보는 사람들이 있었던 거죠.

황금 잘못된 문화가 되어버린 건데 문화회관 같은 데서 하는 공연은 무료이다 보니 유료로 해도 될까 걱정을 하셨던 거예요. 그런데 소극장에서 공연을 보는 건 업그레이드된 또 다른 경험이거든요. 저희는 아예 처음부터 초대권을 안 뿌렸어요. 배우들의 노동에 대해 정당한 가격을 치르고 공연을 보시라고 했죠.

윤 우리 극장에서 뮤지컬을 하면 사람들이 바로 앞에서 볼 수 있으니까 예술회관에서 보는 것과는 완전히 다르거든요.

황금 군민회관.

윤 아, 군민회관. 거기서는 멀리서 보잖아요. 소공연장에서 해야 할 공연을 멀리서 보다가 눈앞에서 보니까 굉장히 놀라시더라고요. 이렇게 가까운 거리에서 뮤지컬을 본 경험이 처음이라고 얘기하신 분들이 많았어요.

서울보다 반응이 더 뜨거웠겠어요.

황금 그러니까요. 그들에게 처음이라는 경험을 주는 공간이 되니까. 어른들에게도 마찬가지겠지만, 아이들에게도 그렇고요.

'처음'이라는 경험은 특별하죠.

황금 "극장 처음 와봤어요" 하는 아이들이 정말 많아요.

윤 우리 딸이 초등학교 2학년인데 친구들이 "너는 매일 그런 거 보고 좋겠다"라며 부럽다고 한대요.

부럽다는 얘기를 들을 정도면 상당하네요.

황금 옛날에는 슈퍼마켓 주인집 아이 정도 되어야 들을 수 있었던 거죠.

윤 중국집, 너는 매일 짜장면 먹을 수 있겠다.

황금 농담으로 그래요. 블루오션이었어. (웃음)

윤 서울에선 안 돼.

황금 서울에선 안 돼. (웃음)

소극장을 한다고 했을 때, 게다가 서울이 아닌 음성이라고 했을 때 가족이나 주변 반응은 어땠나요.

황금 가족들은 일단 걱정을 먼저 했죠. 하지만 이래도 안 되고 저래도 안 되니까……. 한번 해보려는 마음이었으니까요.

윤 일단 월세도 30만 원밖에 안 되고 돈이 많이 안 들어서…….

걱정은 많이 하셨지만, 우리가 자신 있어 했죠. 어쨌든 극장이라는 공간을 운영하다 보니 시간이 지나면서 지역에서 공간에 대한 요구가 있었어요. 수업도 나가고 어느 정도 수입이 생기면서 한고비 넘겼죠.

황금 동네에서 저희가 나름 유명해지기 시작했거든요. 희소성이 있으니까요.

유명인이 된 건가요. 지역 유지 같은? (웃음)

황금 돈으로 유지는 아니고요. (웃음) 이제 젊은 사람들에게도 조금은 알려져서……. 시어머님이 성당을 다니시는데 그곳에까지 소문이 나서 지금은 어머님도 굉장히 좋아하세요.

지역 매체에 보도되기도 했지요? 점점 자리를 잡아가는 건가요.

황금 관심 있는 사람들에게는 어느 정도 알려진 것 같아요.

군의원에 출마할 정도는 아니군요. (웃음)

윤 다행히 지역에 건강한 문화를 만들어 보려고 하는 사람들이 꽤 있어요. 그분들과 다양한 일을 함께 해보려고요.

황금 마을 사업도 같이 해보려고 시도하고 있어요.

윤 영화제도 함께 만들어보자고 하고 있고요.

소극장을 시작하면서 그렸던 그림이 있나요? 지금은 어느 정도

이루어졌다고 볼 수 있을까요.

황금 '이 정도는 할 수 있을 거야'라고 생각했던 것들이 예상보다 다섯 배는 빠른 속도로 이루어지고 있는 상황이에요. 성과라고 하면 극장이 자리를 잡을 수 있게 된 것과 여러 가지 사업을 꿈꿀 수 있을 정도로 안정을 이루었다는 게 가장 큰 성과죠.

윤 제일 먼저 만들고 싶었던 게 아줌마 극단이에요.

아주머님들이 배우로 활동하시는 건가요.

윤 네, 그래서 극장 열자마자 아줌마 극단을 만들었고, 청소년 연극 공연도 하고요. 제가 개인적으로 하고 싶었던 기타 소모임도 하고 있어요. 하고 싶은 건 다 하고 있는 거 같아요. 그때그때 하고 싶었던 것들은요.

황금 그러네, 하고 싶은 건 다 하고 있었네.

돈 걱정 없이 잘 되는 얘기만 나오는 중입니다. (웃음)

황금 극장 운영으로 돈을 버는 건 어렵다는 걸 알고 있으니까요. 수입이 어디서 나오는지 물어보시는 거라면 지금은 100% 수업이에요. 올해부터 구조를 조금씩 바꿔보고 싶기는 해요. 그러나 지금 당장 극장에서 수익을 낼 수 있을 거라고는 전혀 생각하지 않아요. 그 대신 이제 수업도 극장에서 할 수 있는 수업을 많이 해야겠다고 생각하고 있어요. 문화재단

그러고 보니

하고 싶은 건
다 하고 있었네

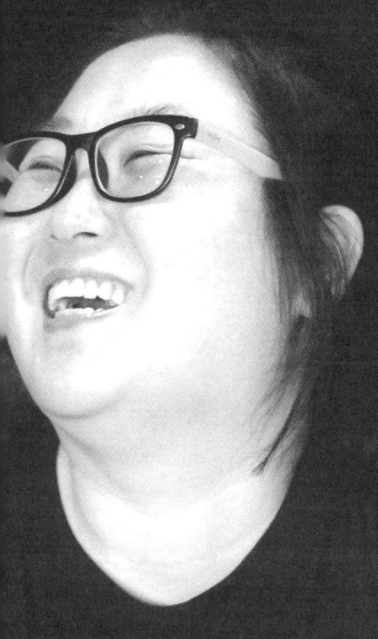

사업도 그렇고요. 제가 직접 제작하는 공연들로 수익 구조를 바꿔봐야겠다는 생각이에요. 어쨌거나 문화예술 교육 자체가 없는 곳이다 보니 "제가 연극배우입니다" 하는 순간 엄청난 요구가 있어요.

윤 지역에서 생활문화예술 축제도 하고, 극장에서 공연 올리고 하면 사실 먹고사는 데 큰 문제는 없어요.

아까 얘기했던 희소성이네요. 말 그대로 블루오션이군요. (웃음)

윤 하루에 수업을 네 개씩 하고 그래요.

황금 생활비 충당의 필요도 있었지만, 일단은 이런 공간이 있다는 걸 알려야 하잖아요. 학교에 다니면서 아이들이나 선생님을 통해서 알려지는 게 크더라고요.

윤 시골은 확실히 인맥이에요. (웃음) 현재는 생활문화예술을 하고자 하는 사람들, 공연하는 사람들의 힘을 모아서 지역에 생활문화예술센터를 만들자는 목표를 가지고 있어요.

극장이 사람들을 모아주는 역할을 하는 거군요.

윤 그렇죠. 베이스캠프가 되는 거죠.

황금 일종의 아지트?

극장을 만들었더니 사람들이 모이고, 그렇게 모인 사람들이 극단도 하고 밴드도 하면서 자연스럽게 활성화되고 있는 건가요?

황금 그 안에서 저도 좋아하는 일을 하면서 그들과 같이 굴러가고 있는 거죠.

소극장 '하다'를 하기 전과 후, 가장 달라진 점은 무엇일까요.
윤 흰머리가 늘었어요. (웃음)
황금 꿈을 더 많이 꾸게 된 거 같아요.

생각했던 게 어느 정도 이루어졌으니까 그다음 버전을 생각하게 되는 거네요.
황금 그전에는 이만큼만 이루어졌으면 좋겠다고 했다면 지금은 이것도 할 수 있고, 저것도 할 수 있다고 생각하게 되니까 그전보다 훨씬 더 많은 꿈을 꾸고 있는 거 같아요.

소극장을 하고 나서 이건 잘못 생각했었다든지 후회 같은 게 있었다면 무엇이 있을까요.
윤 수업을 너무 많이 한 거요. (웃음)
황금 맞아요. 올 한 해 지나면서 후회하는 거 딱 하나가 그거예요. 수업을 거절하지 않고 다 받다 보니 극장을 키우기보다는 수업에 치여서 정작 극장 일은 뒷전으로 밀려버렸거든요. 일을 너무 많이 만든 거죠. 소화할 수 있는 만큼 일을 만들었어야 하는데 너무 신나서 하고 싶은 걸 다 하려고 하다 보니, 과부하가 걸렸어요.

그럼 소극장 운영에 대한 후회는 없다고 봐도 되는 거네요?

황금 욕심이 지나치다 보니 좀 더 세심하게 챙겨야 하는 다른 부분들을 챙기지 못했던 게 후회돼요. 우리는 워낙 계획 같은 게 없었거든요. 큰 욕심 없이 일단 해보자는 입장이었어요.

인터뷰 내용이 이렇게 긍정적이어도 되나 모르겠네요. (웃음)

황금 그전에 바닥을 쳐본 경험이 있어서요. '이보다 더 나쁠 경우는 없으니까 여유를 가지자. 그렇지 않으면 내 인생이 너무 힘들어진다'는 게 살면서 계속 해왔던 생각이에요. 욕심을 가지면 가지는 만큼 얼마나 나 자신을 괴롭히는지 잘 알고 있거든요. 그런 과거의 경험들 덕분에 이런 자세를 가지게 된 거 같아요.

부모 중에는 내 자식이 제일 중요하다든지 이런 생각을 하는 사람도 있잖아요. 그런데 저는 세상에서 제가 제일 중요하다고 생각하거든요. 바닥을 치고 있을 때도 '이렇게 산다고 내가 좋아지는 게 아닌데'라고 생각해요. 그러면 다시 긍정적인 방향으로 생각하게 돼요.

무엇보다도 두 사람, 부부의 합도 매우 중요한 요소로 보입니다.

황금 신뢰가 중요하죠. 저를 굉장히 믿어주거든요.

소극장을 하면서 가장 자랑스러웠던 순간, 가장 기뻤던 순간이 있다면 언제였나요?

황금 매 순간이요. (웃음)

윤 정산할 때 빼고요. (웃음)

그럼 아쉬웠던 순간이 있다면 어떤 때인가요?

황금 공연을 하러 오는 팀들에게 충분한 보수를 챙겨주지 못했을 때요. 그리고 이건 무리한 일정 때문에 생긴 일인데 자체 제작 공연을 할 때 배우들이 팀으로 오는 게 아니라 제가 모아서 하게 되거든요. 그러면 서울에서 오는 배우도 있고 해서 시간이 잘 안 맞기도 해요. 그러다가 공연 전에 며칠을 몰아쳐서 밤샘 작업을 하다 보니까 정작 중요한 공연에서 배우들의 체력이 바닥나 버린 거예요. 관객들에게 보여주기엔 너무 부족한 공연이 되어 버렸어요. 더 미안했던 건 그런 공연을 관객들이 무척 좋아해 주시는 거예요. 그러면 배우들은 더 힘이 들어요. 우리는 만족스럽지 못한 공연을 했는데 관객들이 좋아해 주면 정말 미안하거든요. 그때가 제일 힘들었던 거 같아요.

어떤 계획들을 세우고 있으신가요.

윤 구체적이지는 않지만, 앞서 한 얘기처럼 극장을 생활문화예술센터로 만들어서 생활문화예술 축제도 벌이고, 지역을 대표하는 예술네트워크로서의 단체를 고민하고 있어요. 극장 자체는 아지트 역할을 하면서 공연도 만들고, 회원들이 공연하기도 하고, 영화상영도 가능한 멀티복합문화공간을 만들어

보고 싶어요.

   황금 다 하고 싶은 거죠.

   윤 맞아요. 다 하고 싶은 거죠. 지역의 문화 이슈 자체를 선점할 수 있는 지역 문화의 기획자도 되고 싶어요.

개인적인 계획들도 있나요.

   황금 작품을 만들고 싶어요.

   윤 그것도 극장하고 관련이 있는 건데? (웃음)

   황금 극장에 심취해 있어서 다른 생각은 못 해봤어요.

   윤 아직 극장에서 못 해 본 게 많아서요.

해보고 싶은 게 그렇게 많다니 행복해 보입니다. (웃음)

   윤 정말 앞으로 할 게 무궁무진해요.

마지막으로 소극장 '하다'가 어떤 의미가 되었으면 하나요?

   황금 우리는 우리 극장이 동네 아지트가 되었으면 좋겠다고 항상 말하거든요.

   윤 극장에 누구나 와서 생활문화예술을 즐기고 자기가 주인공이 돼서 무대에 설 수도 있는 아지트가 됐으면 좋겠고요. 박수도 받아보고 내가 뭔가를 해냈다는 뿌듯함이 있으면 자신들의 삶이 바뀌잖아요. 그런 사람들이 하나둘 늘어나면 음성이 문화적으로 '하다'가 있어서 살만한 곳이라는 인식이 만들어질 수도 있다고 생각해요. 크게는 음성의 문화적 분위기를 바꿀 수 있는 역할이 되었으면 하는 거죠. 즐겁게 잘 먹고, 잘 살고, 빚도 갚아가면서. (웃음) 그랬으면 좋겠어요.

황금 이번에 시민 뮤지컬을 했던 사람들과 뒤풀이하면서 얘기를 나누는데 한 친구의 얘기가 굉장히 인상적이었어요. 자기는 "지금까지 한 번도 인생의 주인공처럼 살아본 적이 없고, 내 삶을 살아가고 있다고 생각하지도 않았는데, 이번에 이걸 하고 나서는 이제 내가 원하는 대로, 내가 주인공처럼 살아봐도 괜찮겠다"는 생각이 들었다고 하더라고요.

그 얘기를 들으면서 소극장이 동네 아지트가 되었으면 좋겠고 사람들을 주인공으로 만들 수 있으면 좋겠다고 생각했던 바람이 허튼 게 아니었구나 하는 생각을 많이 했어요.

아이들도 여기 와서 합창도 하고 연극도 하면서 잘 놀거든요. 아이들에게는 예술 놀이터가 되고, 어른들에게는 자기가 주인공이 될 수 있는 공간이 돼서 동네 사람들이 즐겁게 지낼 수 있는 아지트가 되었으면 좋겠어요.

편집하는 박태하
편집자, 『책 쓰자면 맞춤법』 저자

하시는 일과 자기소개 부탁합니다.

원래는 출판편집자, 그러니까 책을 만드는 사람인데 어쩌다 보니 책을 직접 쓰게 되면서 두 가지를 다 하고 있습니다. 책을 만들고 책을 쓰는 사람이죠. 약력같이 짧게 소개해야 하는 자리에는 '출판편집자 겸 작가' 정도로 쓰곤 합니다. 저 개인적으로는 작가라고 생각하진 않는데 책을 내고 나니까 다들 작가라고 부르시더라고요.

작가라는 표현이 불편하신가요.

제가 무슨 문학작품을 쓰거나 했으면 좀 쉽게 받아들였을 텐데 실용서, 그것도 맞춤법 책 하나 쓰고 작가라고 불리자니 영 어색해서요. 굳이 싫다고 손사래를 치는 건 너무 유난스러워 보이고 그냥 혼자 어색해하고 있습니다. (웃음)

어떻게 편집자를 하시게 되었나요.

대학교 4학년 때 뒤늦게 기자 시험 준비를 시작했었는데, 워낙 장수생이 많은 분야잖아요. 그해 시험은 저도 경험 삼아 보는 거였고 물론 다 떨어졌고요. 그런데 막상 신문사, 방송사 취업 시즌이 끝나고 보니 백수가 되는 게 영 막막한 거예요. 집에 돈이 많은 것도 아니고. 일단 어디든 취업을 하고 나서 그 뒤에 다시 생각하자 싶어서 여기저기 뒤져 보다가 한 출판사에서 올린 출판편집자를 뽑는다는 공고를 보고 '아, 이런 직업도 있었지'라고 생각할 정도로 별생각이 없었어요. 근데 나쁘지 않을 것 같더라고요. 마침 책도 좋아하겠다, 지원서나 내볼까 했던 게 덜컥 붙더니……. 이게 이렇게 길어질 줄은 몰랐죠.

말 그대로 '어떻게 하다 보니' 선택하게 된 거네요.

그런 셈이죠. 책을 너무 사랑한 나머지 책을 직접 만들어 보고 싶었다든가 출판만이 내가 가야 할 길이라든가 이런 투철한 건 '전혀'라고 해도 좋을 정도로 없었어요. 편집자를 꿈꾸는 요즘 친구들에겐 좀 미안한 일이지만요.

출판사에 들어가고 나서도 기자의 꿈은 계속 간직하고 있었나요?

간직은 했는데 그게 그렇게 강렬하게 남진 않더라고요. 애초에 기자라는 직업이 아주 좋아서라기보다는 밥벌이할 만한 일 중에 기자라는 직업이 그나마 저한테 맞지 않나 하는 생각으로 고른 거라서 그랬나 봐요. 좀 낯간지러운 표현이지만 '내 자아를 지키면서도' 어느 정도 현실적인 직업을 찾다 보니 기자를 생각했던 거였는데, 그쪽으로는 오히려 출판사가 더 맞았어요. 아무래도 조금 진득한 맛이 있잖아요? 물론 근무시간도 길고 박봉이긴 했지만요.

제가 독하게 계획을 해서 차근차근 실행해 가는 타입도 아니고, 또 한편으로는 일단 맡은 건 열심히 하는 타입이다 보니 어느덧 1년 지나고, 2년 지나고……. 그러다 보니 기자 생각은 서서히 줄어들더라고요.

그 뒤로 계속 편집자로 일하신 건가요?

네. 벗어날 기회가 있긴 했는데……. 이 일을 시작했을 때 제 나이가 스물일곱이었거든요? 근데 30대 후반의 편집자 선배들, 특히 남자 선배들은 정말 드물더라고요. 이 사람들 다 어디서 뭐 하지? 외주 일 하나? 회사를 차리나? 다 진작 떠났나? 조심스러운 말이지만 이런 일로는 가정에서 '보조소득'의 역할밖에 할 수 없는 걸까 하는 생각도 들었고요. 그렇게 장기적인 비전을 생각하니 아쉬운 부분도 많고 또 너무 일에 지치기도 해서 2년 반 다닌 뒤에 일단 그만뒀어요. 좀 쉬겠다고.

그렇게 좀 쉬다가, 먹고살 길은 찾아야겠고…… 그래도 해봤던 거니 다시 언론사 시험 준비나 해보자, 이번엔 PD까지 염두에 두자 하면서 외주 생활과 시험 준비를 병행했는데요, 우연히 마음에 드는 출판사 구인광고를 봤어요. 슬슬 경제적 압박도 들어오던 시기에. 그때 제가 출판의 고됨을 잠시 잊고 그만 덜컥 또 물어 버렸네요. (웃음) 그뒤로 지금까지 쭉 편집자로 일하고 있습니다.

무엇인가를 선택한다는 데에는 불안함이라고 할까, 이 선택이 맞는지 틀리는지, 혹은 이게 제일 나은 선택일까, 다른 걸 해봐야 하는 건 아닐까, 그런 마음이 들기도 하잖아요. 직장 선택도 마찬가지 아닐까

싶은데요. 처음에 직장을 선택할 때 '어떻게 하다 보니' 선택을 하셨잖아요. 그다음에 다시 선택하게 됐을 때 이 직종을 선택하는 게 맞는 걸까 하는 의구심이 들 수도 있을 텐데 그런 생각은 없었나요.

있었죠. 그런데 뭐랄까, 두 번째에는 약간 각오를 더 단단히 했어요. 첫 번째면 모를까 두 번째도 같은 직종에 들어가면 그만두기가 훨씬 힘들어진다는 거 잘 아니까요. 물론 '내가 이 일에 뼈를 묻겠다'까지는 아니고요, 아니, 사람 일이 어떻게 될 줄 알고요. (웃음) 아무튼 좀 더 능동적으로 일할 수 있는 회사에서 비전 가지고 열심히 해보자 하는 생각이었어요.

어쩌다 보니 시작한 일에 점점 더 깊이 말려들어 간 거네요.

그러게요. 그래도 완전 우연이라고 보긴 힘들고 어느 정도 필연적이기는 한 것 같아요. 일단 저는 무언가에 정신을 못 차릴 정도로 푹 빠진다거나 소위 '용기 있는 탈주'를 감행한다거나 하는 타입은 절대 아니었거든요.

아무튼, 대학교를 졸업할 때쯤 되니 친구들은 대부분 대기업 같은 곳에 지원하는데 제게는 그곳을 일터로 삼고 사는 삶이 그다지 행복할 것 같지 않았어요. 그 친구들이야 그래도 상관없이 살 수 있을지 모르겠지만 저는 안 그렇다는 거죠. 또 표현이 좀 낯간지러운데 그때는 그런 모습들을 자본주의에 너무 '대놓고' 복무하는 거 아니냐는 생각을 했어요. (웃음) 일종의 자존심이라고 표현해야 하나.

편집하는 　　　　　　　박태하

그런 시기였나요. (웃음)

대놓고 싸우지는 않았지만 혼자 삐딱한 게 있었죠. 혼자 싸우고. 대놓고 외치지는 못하는데 혼자 조용히 불매 운동하는 것처럼요.

저도 혼자 불매하는 회사 제품이 있습니다.

저도 한참 동안 그랬어요. (웃음) 어쨌든 말은 자존심이니 뭐니 해도 사실 대기업 같은 데는 갈 수도 없었어요. 원서 쓸 엄두도 못 냈죠. 학부제로 입학했는데 동기들 대부분은 경제학과를 선택했고 스펙도 착착 쌓아 왔는데 저는 정치외교학과에 가서 기자 준비한다고 '소설책도 공부다!' 이러면서 책이나 읽고 어영부영했으니 뭐 스펙이랄 게 있어야죠. 출판사 전에 몇 군데 일반 기업체에 지원서를 내 본 적도 있지만, 서류에서 통과된 곳도 하나 없었어요. 그리고 일단 저는 좋아하는 일을 찾은 게 아니라 싫어하는 일을 피하려고 했거든요.

말씀을 들어보니까 내가 뭘 좋아하는지 모른다고 생각하는 사람들이 많은데 한편으로는 자기가 좋아하는 걸 아는 사람이 얼마나 될까 싶기도 해요. 싫어하는 걸 제외하다 보면 남는 게 있겠네요.

말씀드렸다시피 제가 그렇게 감정적으로 강렬하게 뭐에 끌리는 사람이 아니거든요. 마음보다 머리가 앞선달까, 좋고 싫은 게 그렇게 뚜렷하지 않아요. 그래도 그 뚜렷하지 않은 와중에도

"네가 진짜로 원하는 게 뭐야"라는 질문보다는 "네가 진짜로 마음에 걸리는 게 뭐야"가 훨씬 대답하기 쉬운 것 같아요.

근본적으로는 뭐랄까, '의미를 찾는 삶' 같은 것에 대한 동경이 있었다고 표현해도 좋을 것 같아요. 근데 우리가 무슨 의미를 어떻게 찾을지 너무 막연하잖아요. 뭐가 좋은 건지, 그 길을 어떻게 찾을지. 이건 10년이 더 지난 지금도 잘 모르겠는걸요? 그런데 거꾸로 '의미를 버리지는 않는 삶'은 조금 해볼 수 있을 것 같아요. 정말 이렇게 이야기하다 보니 싫은 걸 피하는 게 조금 더 명확하고 쉬워 보이네요.

좋아하는 걸 알아가는 것도 중요하겠지만, 한편으로는 싫어하는 걸 인식하는 것도 중요하겠네요. '내가 좋아하는 게 무엇인가'라는 게 자칫하면 스트레스가 될 수 있잖아요. 흔히들 "뭘 좋아해?"라고 묻는데 나만 좋아하는 게 없는 사람 같고. 차라리 "뭘 싫어해?"가 친절하게 들리는데요. (웃음)

저는 학교 다닐 때에도 "요즘 젊은 놈들은 뭐 이렇게 패기가 없어! 네가 진짜 원하는 걸 찾아서 적극적으로 해!" 같은 말이 되게 싫었어요. 열정을 강요하는 것 같아서요. 조건과 상황 속에서 비교적 자유롭게 원하는 걸 찾을 수 있는 사람도 있고, 그런 조건과 상황이 안 되니까 못 찾는 사람도 있고, 같은 조건과 상황이더라도 성향상 그런 걸 못 찾는 사람도 있고 그렇잖아요.

'네가 진짜로 원하는 게 뭐야'라는 말은 같이 차근차근 고민을 나누기 위해 물어보는 경우라면 모를까, 쉽게 던지고 또 채근할 만한 말은 아니라고 생각해요. 언젠가 술자리에서 친구가 다른 친구한테 비슷하게 물어보길래 '그럼 너는?'이라고 되물어 본 적이 있어요. 진지하게 함께 고민하는 태도였으면 모를까, 회사 일로 힘들어하는 친구한테 조금 더 안정적인 입장에 있는 녀석이 약간 답답하다는 듯이 던진 말이었거든요. 그랬더니 그 녀석이 결국 한다는 말이 '결혼해서 안정적인 가정생활을 하고, 나이 들어서는 유유자적 여행을 다니는 삶'이더라고요.

'원하는 것'의 의미 자체가 조금 평이하다고 해야 할까요.

그렇죠. 나쁜 뉘앙스를 살짝 섞으면 좀 나태한 답변인 거죠. 고민 없이, 그렇게 살면 좋은 거 누가 모르나요. 저도 그랬으면 좋겠어요. (웃음) 그런데 자기 안에 고작 그 정도 답만 가지고 있으면서, 자기 삶에 대해 진지하게 고민하고 있는 사람에게 마치 자기는 그 답을 찾은 사람인 양 그러는 건 좀 아니지 않아요? 더군다나 요즘 젊은 친구들의 경우에는 자칫 '나만 잘못 살아가고 있는 건 아닐까' 하는 생각으로 빠지게 될지도 모르는데 그렇게 말하면 안 되죠. 이건 정답이 있는 질문이 아닌데.

사람들이 자기가 좋아하는 걸 찾거나 추구할 때 현실과 부딪히는 경우가 많잖아요. 예를 들어 경제적인 안정을 위해 직장을 다니는데 실제 자신이 좋아하는 일은 전혀 다른 일일 때, 그런 시간이 계속되다

더 싫은 것들을
피하고
덜 싫은 것들을
참아내면서
조금씩 길을
내보는 것

보면 안정을 위해 선택했던 일 자체가 싫어질 수도 있을 텐데요.

개인차가 있겠지만, 간극을 좁히기 어려운 경우라면 되도록 빨리 다른 길을 찾아볼 필요가 있을 것 같아요. 물론 이렇게 말로 하는 건 쉽지만 실제로는 굉장한 용기가 필요한 일이라 함부로 말하긴 힘들지만요. 어쨌든 굉장히 어려운 질문인데……. 여기에 대해서도 더 싫은 것들을 피하고 덜 싫은 것들을 참아내면서 조금씩 길을 내보는 게 결국 가장 현실적인 답 아닐까요?

저도 생각해보니 좋아하는 일을 하는 측면도 있겠지만 싫어하는 일을 제외하다 보니 여기까지 온 건지도 모르겠다는 생각이 드네요. (웃음)

네, 계속 이야기하다 보니까 정말 그런 것 같습니다. (웃음) 사람마다 감각이 다르잖아요? 못 견디는 지점도 각각 다르고요. 좋은 건 그냥 좋게 마련이에요. 그런데 싫은 것에는 이유가 비교적 명확하잖아요. 내가 가장 못 견디고 싫은 것들부터 하나씩 하나씩 지워 나가는 게 더 쉬운 건 맞는 것 같아요. 그러다 보면 좀 더 심플해지고, 좋아하는 것들도 조금씩 더 눈에 들어올 수 있겠죠.

출판사에 들어간다고 했을 때 주변 반응은 어땠나요.

가족들은 반기지 않았어요. 집이 여유가 있는 편이 아니어서 경제적인 부분에 대한 기대감이 있었거든요. '엄마친구아들'이나 '아빠친구딸'처럼 대기업이나 공사나 뭐 소위 말하는 번듯한 데 취직하는 걸 바라셨을 거예요. 그리고 뭐랄까, 더 큰물에서

놀아야 하는 것 아니냐 하는? 그런 기대도 있으셨을 거고요.
출판사 합격 전화를 받고 집에 전화했어요. 어쨌든 처음 취업이란
걸 한 거니까.

축하를 받지 못하셨군요. (웃음)

네. (웃음) 조심스럽게 걸긴 했는데, 합격했다는 말에도 어머니
목소리가 떨떠름하시길래 저도 그냥 "아, 나도 일단 들어가고
본 거야"라고 얘기하고 끊었죠. 그 뒤에도 명절에 뵐 때마다
조심스럽게 계속 다닐 건지 묻곤 하셨고요. 뭐, 그래도 친구들은
대부분 잘 들어갔다는 반응이었어요.

잘 어울린다는 의미였나요.

글 좋아하는 애가 잘 찾아갔다는 분위기? 자기들 스펙 쌓을 때
도서관에서 소설책이나 보고 글 쓰고 그랬으니까.

실제로 일도 저한테 잘 맞았어요. 편집자 업무 중에 가장
대표적인 교정교열만 봐도, 그 상황에서 가장 정확한 단어를
찾아내는 일이 제게 짜릿함을 주기도 하고 조사 하나로 뉘앙스가
바뀌는 부분들을 고민하는 것도 그렇고, 참고문헌을 양식에
맞게 딱딱 정리하는 것도 그렇고요. 그리고 제가 지금까지
다닌 회사들은 모두 편집자가 직접 조판을 했거든요. 기본적인
레이아웃을 디자이너가 아니라 편집자가 직접 잡았어요. 그런 걸
예쁘게 다듬고 만드는 것도 성격에 잘 맞더라고요.

편집자가 되신 걸 후회한 적도 있으신가요.

없을 리가요! 뭐, 그렇지만 사람이 다 가질 수는 없으니까요. 싫은 것들을 엄청나게 많이 피했잖아요. 그래도 어쨌든 지식산업 분야다 보니 비교적, 어디까지나 비교적이지만 (웃음) 좀 점잖게 일해도 되거든요. 그래서 후회를 하다가도 '이 정도면 됐지 뭘 더 바라'라고 생각합니다.

그럼 직업 선택은 만족한다고 할 수 있을까요.

네, 대체로 만족합니다. 뭐, 오십이 돼서도 농담처럼 '아이고 내가 왜 그때 이 길을 골라서'라고 푸념할 것 같긴 하지만요. (웃음) 언제나 단군 이래 최대 불황이고, 일의 성격상 자잘하게 신경 쓸 것들은 엄청나게 많고……. 제가 꼼꼼한 편이라 이 일이 잘 맞긴 하지만, 바로 그 지점에서 오는 스트레스가 있어요. 요새도 가끔 급하게 작업해야 하는 책 하나 끝내고 나면 종종 오타가 발견되는 꿈을 꾼다니까요. (웃음)

꿈에 오타가 발견되기도 하고, 인쇄 사고가 나기도 하고 (웃음)

필자들은 아무래도 일반인들보다는 훨씬 섬세하고 자의식이 있는 분들이다 보니 꼼꼼하게 신경 써 드려야 할 것도 많고, 외주자 분들도 마찬가지고……. 사실 저도 사람들과 썩 잘 어울리는 편은 아니거든요. 그러고 보니 편집자 중에 이런 분이 되게 많은 것 같아요. 아, 사람 만나는 거 다 귀찮아! 그냥 책이랑

같이 처박히고 싶어! 이런 부류의……. (웃음)

중간에 프리랜서 생활을 하신 걸로 알고 있어요. 다시 직장 생활을 하게 된 가장 큰 이유는 무엇인가요.

경제적인 문제가 컸죠.

프리랜서 생활은 어땠나요?

프리랜서로 좀 더 치열하게 살았으면 좋은 답변을 내놓을 수 있을 것 같은데 제가 좀 설렁설렁 했어요. 작업실을 마련해서 일하는 시간을 딱딱 정해 놓고 공부도 하고 그랬으면 달랐을 것 같은데, 밤낮도 바뀌고, 장기적으로 뭘 해야 하나 고민도 하고, 출판사를 차릴까? 이것저것 알아보기도 하고. 이 악물고 살아도 될까 말까인데 이러다 보니까 점점 더 가난해지고……. (웃음) 경제적인 두려움을 피해서 다시 직장인으로 살게 된 거죠.

차선도 있지만 차악도 있는 거니까요.

차악이 정확한 단어인 거 같아요. 일단 최악은 피하고 보자는 마음으로 차악을 골라서 갔던 거 같아요. 뒷일은 너무 많이 생각 안 하고요.

좋아하는 게 확실한 사람들은 그 에너지를 죽일 수도 없고, 그래서도 안 되고, 그 좋아하는 걸 하면 돼요. 아니 그런 분들은 이미 본능에 따라 그렇게 살고 계실 확률이 크죠. 하지만 그렇지 못하고 방황하는 사람들에게는 일단 싫은 걸 피하는 것도 나름 괜찮은 방법이에요.

아, 그런데 아까 '진짜로 원하는 거' 얘기한 거랑 조금 통하는 얘긴데, 그 '싫은 것'조차도 좀 얄팍해지는 것 같아요. 싫은 게 뭐냐고 물었을 때 '나는 가난한 게 싫어, 인정 못 받는 게 싫어'라고 말하는 건 답이 아니라 회피인 거죠. 가난하거나 인정받지 못하거나 힘든 걸 좋아하는 사람이 어디 있겠어요. 그건 너무 당연한 거잖아요. 그렇게 대답해 버리면…….

그러면 답이 없는 거죠.

그렇죠.

건물주가 아닌 삶은 싫어! (웃음)

그렇게 되면 답은 '돈 벌어!'밖에 안 되거든요. (웃음)

싫은 걸 찾을 때도 현명하게 찾아야 하는 거겠죠.

싫은 걸 피하거나 좋은 걸 찾는다고 할 때 단순히 내가 뭐가 좋고 싫은지를 아는 걸로는 좀 부족한 거 같아요. 싫고 좋음에 대해 계속 곱씹어보고 공부도 하고 생각하면서 이 싫음과 좋음은 괜찮은 걸까, 그건 어떤 의미와 관계 속에 놓여 있는 걸까를 스스로 물어보면서 자기 안에서 소화시키는 게 중요한 거 같아요. 계속 업데이트를 하면서요.

그래야 선택했을 때 후회가 덜하겠죠.

   선택 자체도 현명해질 수 있고요. 그리고 그 '차악'이란 게 결국은 내가 선택할 수 있는 '최선'인 걸 아니까 후회가 덜해지는 게 맞죠.

   그리고 제가 너무 싫은 것만 얘기해서 세상 싫어하는 거 천지처럼 보일 것 같은데 오해입니다. 그냥 좋아하는 마음이 남들보다 좀 약한 거지, 싫어하는 게 그렇게 많지도 않아요! (웃음) 덧붙이면, 그렇게 싫은 것들을 제 삶에서 들어내면 삶이 점점 더 심플해지니까 무언가를 더 좋아하기도 쉽더라고요.

심플해진다는 게 좋네요. 싫은 것들을 덜어내면 무언가를 더 좋아하기도 쉽다. 그렇겠어요. 편집자이면서 『책 쓰자면 맞춤법』 저자이기도 하시잖아요. 책은 어떻게 내시게 된 건가요.

   청탁을 받았습니다.

반응이 좋았지요?

   네, 제가 생각했던 것보다 훨씬 좋았습니다.

뭔가 시도를 하면 파급효과 같은 것들이 있잖아요.

   그러게요. 그냥 열심히 교정보고 회사일 처리하고 그런 평범한 직장인이라고 생각해 왔는데, 책을 한 권 쓰고 나니까 일단 제 안에서 무언가 확 달라진 것 같아요.

제가 맞춤법을 잘 알기는 해도 학문적으로 제대로 정리된 게 아니라 기계적으로 처리해 오던 것들인데, 책에 그걸 그대로 제시할 수는 없잖아요. 공부를 안 할 수가 없더라고요. 생각도 많이 해야 하고. 그러다 보니 기계적으로 해왔던 일들의 전체적인 그림이 그려지게 되더라고요.

또 책이라는 매체의 특성이 있는 거 같아요. 그림이나 음악도 마찬가지겠지만 어쨌든 그 사람의 총체적인 측면이 들어가 있는 거고, 또 일단 책이 세상에 나가면 강연처럼 그때그때 피드백이 있는 게 아니다 보니 하나의 전체적인 세계를 만들어야 한달까? 그림이나 음악은 어떤 생략이나 비약이 가능한 데 비해서 책, 특히 이런 실용서는 그러면 불친절한 게 되잖아요. 그러다 보니 그 세계를 만드는 데 공을 많이 들여야 했어요. 끊임없이 고민하면서 읽는 사람들을 생각하고, 빈틈을 메워 가고……. 그 과정들을 통해서 내 지식이 조금 더 단단해지고 이런 것들을 내가 왜 해왔고 어떤 방식으로 할 것인지를 되돌아보는 계기가 됐죠.

쓰는 동안에는 죽을 맛이었지만 지금 와서 얘기하면 책을 쓸 수 있어서 행복했어요. 우리는 인생을 대체로 단편적으로 살잖아요. 처음부터 끝까지 흐름이 있는 하나의 완성된 세계를 만들어 낸다는 경험 자체가 흔치 않은 경험이죠. (웃음)

시도 역시 하나의 선택일 텐데 그 시도가 계기가 되어 준 거네요. '무엇이든'이라는 말까지는 좀 그렇지만 어쨌든 안 하는 것보다 역시

하는 게 낫다는 말이 생각나네요. (웃음) 오히려 과정이 더 소중한 경험이 된 거 같습니다.

네, 과정에서 최선을 다한 결과가 좋은 평가를 받으니까 더 좋은 것 같습니다. 모든 일이 그렇지 않나 싶어요. 예를 들어 직업 선택에 대해 고민을 할 때도 목적지만 생각할 게 아니라 목적을 제대로 이루어 내기 위한 노력이 중요한 것 같아요.

제가 본디 최선을 다하지는 못하는 유약한 성격인데, (웃음) 이 책 쓸 때는 정말로 최선을 다했거든요. 생각해 보니까 이것도 싫은 걸 피하느라 그런 거 같아요! 조금 더 다듬고 뜯어고치고 새로 짜고 새로 쓰고 이러는 거 너무 괴롭고 싫은데, 엉성한 책으로 사람들 앞에 서는 게 더 싫은 거죠.

책으로 표현됐지만, 책뿐만이 아니라 모두 '과정'에 대한 거네요.

네, 저는 과정주의자입니다. (웃음) 그리고 생각해 보면 편집이라는 일도 결국 '과정'을 떠날 수 없는 것 같아요. 쓰는 사람과 읽는 사람을 '어떻게' 이을 것인가 하는 거니까요. 여기서 '어떻게'가 없다면 편집이라는 게 필요가 없죠. 그 '어떻게' 안에서 이렇게밖에 될 수 없는 필연성을 찾아내 쌓고, 그 필연성이 삐걱거리면 방향을 수정하고, 그렇게 일을 굴러가게 하는 것. 하기야 편집뿐만 아니라 모든 일이 다 그렇겠죠?

과정주의자 좋은데요. (웃음) 편집자로서 특별히 선호하는 분야가

아가는 의미를 가지고 있다는 것은
과 고뇌를 살아간다는 말이다.
타자의 가슴 두근거림과 고뇌에

있으신가요?

저는 학술출판 쪽에 있다 보니까 다른 쪽 경험이 많지는 않아요. 제가 특별히 고를 수도 없는 처지고요. 그냥 손댈 거 별로 없는 원고가 좋아요. (웃음) 맞춤법을 잘 지킨 원고 얘기가 아니라 내용에 무리수가 없고 연결이 잘되는 원고요.

인터뷰 제목이 '나를 닮은 일'인데요. 한 분야의 일을 오래 하면 그 일과 닮아 갈 수도 있을 거 같은데요. 싫어하는 걸 지운다는 점과 편집자의 특성을 듣다 보니 편집자가 가장 어울려 보입니다.

다른 일을 하려면 또 하겠지만, 몸에 맞는 옷 같은 느낌이 아닐 것 같아요. 이 일은 힘들건 어떻건 제 몸에 맞는 느낌은 있습니다. 물론 나를 닮은 일을 하게 된 것도 맞지만, 이 일을 하다 보니 닮아 간 것도 크고요.

다시 선택한다면 이 일을 선택하시겠어요? 만약 다른 일을 선택한다면 무엇을 하고 싶으신가요.

음, 글쎄요. 충분히 의미도 있고 잘 맞는 일이지만 다른 일도 해보고 싶긴 해요. 경제적인 여유가 있다는 전제하에…… 예컨대 연극배우?

의외입니다. (웃음)

연극을 보는 것도 좋지만, 연극적인 걸 좋아하나 봐요. 말을 하더라도 극적인 표현을 써서 신나게 얘기하는 걸 좋아해요. 제가 살아온 삶이 어쨌거나 썩 능동적인 삶은 아니었는데 다른 존재가 되고 싶은 것에 대한 대리만족일 수도 있고요.

매우 능동적인 일이네요. 책을 쓰는 일도 한편으로는 능동적인 작업 아닐까요?

네, 그럼요. 그런데 엉덩이가 너무 쑤셔요. (웃음)

막연한 질문 같지만 좋은 글은 무엇인가요.

맞춤법 책을 내고 나니 맞춤법 특강 요청이 들어와서 몇 번 나갔거든요. 그런데 주최 측에서 비슷한 요청을 하더라고요. 좋은 글이 무언가에 대한 얘기도 같이 좀 해줬으면 좋겠다고. 맞춤법 하나만으로는 좀 심심한가 봐요. (웃음) 아무튼 그래서 고민을 해본 적이 있어요.

아무래도 맞춤법이 메인이니까 다른 얘기를 너무 오래 하면 안 되잖아요? 게다가 뭔가 문학작품을 쓴다거나 하는 분들이 아니라 대체로 일반인들이니까 '주제의식' 뭐 이런 거 얘기하는 건 좀 무겁고요. 압축적으로 이야기하려고 곰곰 생각하다가 딱 두 가지로만 정리했습니다. 첫째, 개연성이 있어야 한다. 둘째, 자의식이 지나치면 안 된다.

이를테면 이런 거죠. 글이 아니라 일상어로 표현하자면 "어제 길상사에 갔어, 길이 너무 예쁘더라, 지난번에 갔던 봉은사도 너무 예쁘던데 다음에 같이 가자"고 하면 딱 좋죠. 충분해요. 그런데 "어제 길상사에 갔어. 다음에 봉은사 같이 가자"는 식으로 말하는 사람들 꼭 있어요. 자기 머릿속에는 개연성이 있는데 표현에 개연성이 없는 거죠. 툭툭 튀는 거예요. 반면에 이렇게 말하는 사람들도 꼭 있죠. "어제 길상사에 갔어. 거기가 대중교통이 참 번거롭긴 해. 그래도 연꽃이 너무 예쁘더라. 분위기도 너무 정갈하고. 우리 집 근처에 봉은사라고 있는데, 집에서 나와 왼쪽 길로 5분쯤 걷다가 오른쪽으로 꺾어서 10분쯤 걸으면 나오거든. 근데 예전에 우리 엄마가 거기서 기도를 했는데, 우리 할머니랑 사이가 되게 안 좋으셨잖아. 그런데 할머니가 췌장암으로 돌아가시고 난 뒤에 가족들 꿈에 한 번도 안 나오셨거든. 우리 엄마가 기도하고 나니까 내 꿈에 나오시더라고. 신기하지? 다음에 우리 같이 가보자" 별로 중요하지도 않은 이야기들이 우왕좌왕하는데 또 자기 자신만 철철 넘치잖아요. 대화에서야 친밀함을 쌓는다는 의미가 있지만, 글에서도 그대로 표현되면 곤란하죠. 개연성이 튀면 비약하게 되고, 자의식이 너무 과하면 중언부언하게 되기 쉽죠.

좋은 글에 대한 이야기를 앞서 얘기했던 일의 선택과 관련해서 '선택하는 데에는 개연성이 있어야 하고 자의식이 과하게 들어가면 안 된다'로 응용해 볼 수도 있겠어요.

그러네요. 글뿐만 아니라 생각도 그렇게 가야 한다고 봐요. 계속

의식하고 조정해 나가는 거죠. 노력하면서.

생각해 보면 편집이란 저자와 독자 사이에서 개연성과 자의식을 조절하는 일이라고도 할 수 있겠네요.

네, 한발 더 나아가자면 저는 사람은 누구나 자기 삶을 편집해야 한다고 생각해요. 개연성이라는 건 내 행동의 이유를 찾는 거고 과잉되지 않은 자의식이라는 건 그게 과연 옳은 걸까부터 차근차근 고민해 나가면서 하나씩 걷어내는 거겠죠. 자신의 삶을 알차게 일구기 위해서는 중요한 부분들에 개연성을 만들고 필요 없는 부분들, 과잉된 부분들은 걷어내야 할 것 같아요. 편집자가 아니더라도 자기 삶을 제대로 꾸려 나가고 싶은 사람이라면 자기 삶의 편집자가 되어야 하는 거죠.

편집자로서, 또 개인적으로 어떤 계획들을 세우고 있으신가요.

일단은 회사원이니까 맡은 일을 열심히 하는 거죠. 그리고 직장을 다니면서 제 글을 쓰는 게 쉽지는 않지만, 앞으로도 꾸준히 글을 쓰고 싶어요.

나중에 만약 출판사를 차리게 된다면 인문학적 소양을 바탕으로 한 울림 있는 에세이들을 내고 싶어요. 아, 그리고 제가 싫어하는 걸 지워 나가는 사람이라고 했지만, 한편으로는 좋아하는 것들을 열심히 하는 사람들의 에너지를 무척 좋아하거든요. 그런 사람들이 신나서 쓰는 글도 내보고 싶어요.

'덕질' 에너지가 넘치는 글들이요! 요즘은 축구 덕질에 대한 글을 쓰고 있기도 합니다.

편집자에서 작가로 확장해 가는 중이시네요. 앞으로 좋은 글로 만날 수 있으면 좋겠고요. 축구에 대한 글도 기대하겠습니다.

책 낸 서귤

작가 겸 회사원. 『고양이의 크기』, 『책 낸 자』, 『환불불가여행』 저자

하시는 일과 자기소개 부탁합니다.

    회사에서 사무직으로 일하고 있고, 독립출판은 2016년 초 워크숍을 시작으로 그 해에 『고양이의 크기』를 출간했고, 2017년에 『책 낸 자』를 출간했습니다.

'서귤'이라는 이름은 가명이지요? 어떻게 짓게 된 건가요.

    의외로 별 고민 없이 지었어요. 귤을 좋아해서 '서'에다 '귤'을 붙였고요. 서귤로 정하고 나서 인터넷 검색을 해봤어요. 겹치는 활동명이나 부정적인 뉘앙스로 사용되고 있지는 않은지 확인해보려고요. 다행히 그런 건 별로 없었고 검색하기도 쉬워서 서귤이라고 지었습니다.

작품을 보면서 이름과 겹쳐지는 이미지랄까 잘 어울린다는 생각이 들었어요.

    여담인데 경주관광을 하다 사주 작명 집에 들른 적이 있었는데 서귤이라는 이름이 좋다고, 이름 잘 지었다고 칭찬을 들은 적이 있습니다. (웃음)

작가로 큰 성공을 거두게 되는 게 아닐까요? (웃음) 작품을 좋아해주는 사람이 많다는 걸 느끼시나요.

    독자가 많다는 느낌보다는 감상을 남겨주시는 걸 보면 제 책을 깊이 있게 봐주시는 분들이 있는 것 같아요. 재미있다거나 귀엽다는 정도로 감상을 남겨주실 수도 있잖아요. 그런데 자기 경험과 엮어서 감상평을 남겨 주시는 분들을 보면 제 책이 공감을 불러일으키는 포인트가 있는 게 아닐까 하고 스스로 뿌듯해하기도 해요.

『책 낸 자』 이전에도 그런 평이 많았나요.
『고양이의 크기』가 특히 그랬어요. 고양이를 키우는 분들과 고양이를 키우지 않는 분들의 감상이 많이 달랐어요. 혹시 고양이 키우세요?

아니요. 안 키웁니다.
고양이를 키우지 않는 분들은 사회 풍자라든가 구성이 좋다거나 귀엽다, 재기발랄하다는 이야기를 해주셨고 고양이를 키우시는 분들은 아무래도 더 깊게 공감하는 부분이 있어서 슬프다는 이야기가 많았어요.

저도 슬프다는 쪽이었는데요. (웃음)
그렇다면 조만간 고양이를 키우게 될, 예비 고양이 집사님이 될 확률이 높아요. (웃음)

슬프다는 감정도 있었지만, 계속 주인공의 쓸쓸함이 느껴졌어요.
나중에는 결국 고양이도 사라지고, 처음부터 끝까지 고양이가 없으면 다른 게 없는 주인공이다 보니…….

그림 그리기는 이전부터 경험이 있으셨나요? 『책 낸 자』를 보면 그림 그리는 걸 학창 시절에 그만두신 걸로 나오던데요.

어릴 때부터 좋아하기는 했어요. 저 개인적으로는 아쉬웠던 부분이 있어요. 예를 들어서 어린이는 어린이다운 그림을 그려야 한다는 교육의 틀 같은 게 있잖아요. 그런 기준에는 제 그림이 별로 좋지 않았던 거예요. 그래서 안 좋은 평가를 받으면서 꿈이 꺾였어요. 그림은 줄 세우기가 아니라 스타일이 다른 건데 그때는 줄 세우기라고 생각했거든요. 중학교 때 그림을 잘 그리는 친구가 있었는데 나보다 잘 그리는 이런 친구가 미대를 가야지 나 같은 애는 미대를 가면 안 된다고 생각했어요. 지금은 그림과 관련해서 어린 저에게 말해주고 싶은 게 정말 많은데. (웃음)

그럼 언제 다시 시작하시게 된 건가요.

그림을 다시 그리기 시작한 건 2015년에 나에게 주는 선물로 액정 태블릿에 그릴 수 있는 펜을 사면서부터예요. 그때부터 뭐라도 조금씩 그려보기 시작했어요. 그러다가 페이스북에 그림일기를 올리면서 본격적으로 그리게 됐는데 지금도 갈 길이 너무 멀죠.

제게 그림이라는 건 봤을 때 느낌이 좋은 것과 그렇지 않은 것 두

종류밖에 없는데요. 어떤 스타일의 그림을 좋아하시나요.

저는 정교하고 화려한 그림보다 투박하고 둥글둥글한 스타일을 좋아해요. 왜 이렇게밖에 못 그릴까 자책하다가도 그냥 스타일이 다른 것뿐이라고 합리화를 하고 있어요. 다만 '내가 전달하고자 하는 이야기를 방해하지 않을 수준의 그림은 필요하다'는 목표를 가지고 있어요.

다음 작품은 스토리와 구성을 다양하게 하려고요. 또 조금 더 역동적인 연출이 필요할 거 같아요. 그래서 그림에도 더 많은 노력이 요구되는 부분이 있어요.

내가 만들고자 하는 이야기를 받쳐줄 정도의 그림 실력은 되어야 한다는 거네요.

네, 그게 생각보다 쉽지가 않아요. 제가 SF, 판타지, 스페이스 오페라 대작을 그리려고 마음을 먹어도 그림이 따라주지 못하면 안타깝지요. (웃음)

『책 낸 자』는 『고양이의 크기』를 만드는 과정을 담고 있잖아요. 책을 내겠다고 결심하게 된 계기는 무엇인가요. 책을 보면 '저질러 버린' 걸로 나오는데요.

본격적으로 그림을 그리기 시작한 이후에도 항상 '내가 이걸 그려서 뭐하지?'라는 생각을 하고 있었어요. 인스타그램이나 블로그에 그림을 올리고는 하는데 왠지 모를 아쉬움이 있었거든요. 그러던 차에 우연히 독립출판 워크숍 공고를 보고 그날 바로 신청을 했어요. 뭔가 해보고 싶었지만 그게 무엇인지 구체적으로 몰라 답답했던 그때 마침 인스타 공고가 딱 꽂힌 거죠. 어떻게 보면 충동적이고, 또 어떻게 보면 계획적이라고 할 수 있죠.

조금 막연하긴 했어도 나름 시작할 준비가 되어 있는 상태였네요.

통로를 몰랐던 거죠. 이런 세계가 있고, 이런 식으로 누가 인정해주지 않아도 내가 스스로 책을 낼 수 있는 루트가 있다는 걸요.

막연하게 생각할 때는 책 자체가 목표는 아니었지만, 이 통로를 통해 생각하시게 된 거네요.

네, 그림을 그리는 것만으로 무엇을 할 수 있을까 고민하던 차에 때마침 독립출판이라는 통로를 만나게 된 거 같아요. '나도 책을 낼 수 있다'는.

『책 낸 자』에서 "달리 즐거울 일이 없잖아"라는 대사가 나오잖아요. 그런 직장과 일상생활이 책을 만들게 한 것은 아닌지 유추해 본 적이 있어요.

그때가 바로 직장 생활 3년 차가 되는 시점이었어요. 보통 369라고 하잖아요. (웃음)

위험한 시점이네요.

지금은 6년 차입니다. (웃음) 학생 때는 소설 습작을 했어요. 글이라는 게 지금도 그렇지만 등단 절차를 거쳐야 하는 거고, 그 후에도 문인들 모임에 나가 활동하면서 명성을 쌓는 나름의 단계가 있다고 생각했거든요. 그런 생각에 갇혀있었던 거죠. 그런데 신춘문예나 문예지에 응모해도 안되니까 '나는 안 되는구나. 책 같은 거, 작품 활동 같은 건 어렵겠구나' 하는 생각을 했던 거고요. 그래서 회사에 들어가고 나서도 3년 동안은 창작 활동을 거의 하지 않았어요.

그즈음에 회사생활이 한계에 도달했어요. 그러다가 다행히 독립출판이라는 통로를 만나게 됐죠. 누가 인정해 주지 않아도 등단 과정 없이 책을 낼 수 있고 내 마음대로 하고 싶은 이야기를 할 수 있는 게 생기니까 숨통이 트이는 것 같았어요. 그 당시에는 그런 느낌이었어요.

『고양이의 크기』는 일상에서 발견된 이야기고, 『책 낸 자』는 그 과정에 대한 이야기다 보니까 그다음은 직장 이야기가 아닐까 하는 생각도 했어요.

그건 픽션으로 해보려고요. 조심해야 할 것들이 많아서요. (웃음)

직장 생활을 하면서 작품 활동을 병행하시는 게 힘드실 거라는 생각도

들지만, 한편으로는 도움도 되실 거 같아요.

맞아요. 회사에서도 꽤 안정이 됐어요. 창작 활동을 하면서 개인적인 갈증이 많이 해소된 것 같아요. 회사에서도 '내가 여기서 뭐 하는 거지?'라는 생각보다는 '열심히 돈 벌고 끝나면 내가 할 수 있는 걸 해야지'라는 생각을 하게 돼요. 물론 야근이 있는 날엔 작품 활동을 못 할 때도 있지만요.

『책 낸 자』를 보면 과장이 대화를 나누다 말고 주인공에게 "밥 먹고 와서 하자"라고 얘기를 하던데 여기서 밥은 무조건 저녁으로 여겨지더라고요.

네, 저녁이죠. (웃음)

아니, 왜 저녁을 먹고 와서 다시 얘기하자는 걸까요? (웃음) 직장 생활을 하는 분들이 직장 생활 외에 시간을 내기가 굉장히 어렵잖아요. 물리적인 시간도 있지만, 이만큼 일했으니까 이만큼 쉬어야 한다는 보상심리가 발생할 수밖에 없으니까요.

실제로 일이 격하든 격하지 않든 정신적으로 지쳐버리면 퇴근 후에 다른 일을 한다는 건 굉장히 어렵죠. 제가 조금 염려스러운 게 직장 생활과 창작 활동의 병행이 일반적인 사례로 비치는 부분이 있을까 봐 조심스러워요.

누군가 이 사람도 나랑 똑같이 직장에 다니는데 나는 왜 아무것도 못 할까 하는 자책을 할 수도 있지 않을까 싶어서……

저 같은 경우는 야근도 비교적 많지 않고, 사무직이라서 외부로 나간다거나 육체적으로 힘을 써야 하는 일이 아니거든요.

더 힘든 환경에 있는 분들이 혹시라도 '나는 왜 못하지'라고 생각할까 봐 걱정되더라고요. 자신을 탓하거나 하는 부분이요. 제가 성공의 기준은 아니니까요.

그리고 이건 비밀인데, 『책 낸 자』에 등장하는 차 과장은 제가 함께 일해 본 상사 중에 안 좋은 경우만 모아놓은 캐릭터예요. (웃음)

그러면 그렇게 나쁘다고만 하기에도 애매하네요. (웃음)

네, 근무 분위기 자체가 그렇게 나쁘진 않아요. 그래서 시간을 내서 작업할 수 있는 거지요.

직장 생활에 만족하지 못하는 분 중에 작가님 사례를 보면서 자신이 못하는 부분을 자책하기보다는 나도 저렇게 조절을 잘하면 해낼 수 있겠다고 여기는 측면도 있지 않을까요.

맞아요. 그렇게 받아들여 주시면 감사하죠.

뭔가 시도해 보고자 하는 분들은 작가님 활동을 긍정적으로 받아들일 것 같아요.

좋은 피드백을 주시네요. 많은 위안이 됩니다.

『책 낸 자』에서 직장 분위기가 굉장히 우울하게 느껴졌어요. (웃음)

아까도 말씀드렸지만, 창작 활동을 하면서 회사에 대한 관점 자체가 꽤 여유로워졌어요. 당시에는 그게 진실이었지만요. 지금은 퇴근 후에는 회사 일을 털어버리고 내 할 일에 집중하려고 하다 보니 멘탈이 강해지는 것 같아요.

"그래도 해야 해. 이것마저 안 하면 난 아무것도 아니야, 진짜 아무것도 아니야"라는 대사가 아프더라고요.

마음 아프죠. 지금은 그렇게까지 생각하지는 않아요. 물론 완전히 사라진 건 아니어서 어느 순간 그런 생각을 할 때도 있겠지만, 지금은 <u>'이것마저 안 하면 난 아무것도 아니야'라는 말을 기록하고 그것을 책으로 만들면서 그런 생각을 어느 정도 털어내게 됐어요.</u>

실제로 뭔가를 하다 보니, 다른 문제들이 자연스럽게 해소되는 거죠.

지금도 맞춰가는 중이지만, 요즘은 일과 삶의 균형이 어느 정도 맞춰진 것 같다는 생각을 해요. 한때 백수로 지내본 적도 있었는데, 그전에는 백수가 되면 창작 활동을 열심히 하게 될 줄 알았어요. 그런데 막상 그렇게 되고 보니 불안해서 오히려 못하겠더라고요. 일하면서 좋아하는 걸 하면 시간은 당연히 부족하지만, 심리적으로는 안정이 돼요. 탄탄한 수입원이 있다는 게 창작에 확실히 긍정적인 영향을 주는 거 같아요. 물론 사람마다 성향 차이는 있겠지만 저는 안정적인 게 없으면 삶이

흔들려서 창작 활동을 못 하는 타입입니다. (웃음)

많은 분이 그럴 거예요. 가능하면 경제적인 부분과 하고 싶은 일의 균형을 맞춰나가는 게 최선인 것 같아요. 물론 쉬운 일은 아니겠지만요. (웃음) 작업하면서 어려운 점은 무엇이었나요.

어려운 점은 시간과의 싸움이죠.

물리적인 부분이 컸군요. 저는 작품을 보고 또 다른 자아와의 싸움이 가장 힘들지 않았을까 생각했었는데요. 다른 자아가 "책을 내면 내 인생이 바뀔까, 작가가 되면 지금과는 다른 삶을 살 수 있을까?"라는 얘기를 하잖아요. 저는 이런 불안이나 의심이 가장 어려운 점이 아닐까 생각했어요.

제가 지금 '시간'이라고 말 한 이유는 이 이야기를 완성했기 때문에 시간이라고 할 수 있는 거지 쓸 당시에 질문을 받았다면 내 작품을 계속 보고 있어야 하는 감정, 이를테면 '왜 이것밖에 못 하지'라고 생각하는 다른 자아와 싸우는 과정이라고 대답했을 거예요. 책을 한 권 출간한 뒤에는 스스로 여유로워졌어요.

『책 낸 자』에서 또 다른 자아와 내 모습을 한 화면에 담았기 때문에 다음 작품에서 또 그런 장면을 그릴 확률은 굉장히 낮을 거예요. 극적인 연출이 필요하면 넣기는 하겠지만요. 만약 또 다른 자아를 다음 작품에서도 만들어낸다면 나를 돌봐주고 사랑해주고 아껴주는 자아로 넣을 거 같아요. 『책 낸 자』를 출간하면서 저 자신이 변할 수 있었던 거죠.

이 책 자체가 시작과 과정, 변화를 보여주잖아요. 그래서 지금 얘기하시는 내용은 변화된 이후의 이야기들이 많은데, 제가 책에 나온 내용을 기반으로 질문하다 보니까 질문이 과거형이 되어버리네요. (웃음)

사실 제가 책을 만든 건 순전히 저를 위해서였어요. 제 느낌과 경험과 감정을, 특히 『책 낸 자』는 서른 살의 저를 기록하고 싶은 마음이 컸어요. 만들 당시에는 이걸로 다른 이들에게 좋은 영향을 주겠다거나 하는 생각은 없었어요. 오롯이 저를 위해서 만든 거예요. 그랬던 게 만들고 보니 제게 많은 도움이 됐지요. 독자들의 피드백도 그렇고요.

사람마다 다르겠지만, 혹시 저와 비슷한 상황에 계신 분 중에서 그림이나 창작활동에 관심을 두고 계신 분들이 있다면 독립출판을 강하게 추천합니다. 자신을 위한 작업이 될 수 있을 겁니다.

책상 앞에 '매일 하면 직업이다'와 '책을 낸 후에 달라질 삶'이라는 메모를 붙여 놓으셨잖아요. 마치 수험생 같다는 느낌도 받았어요. (웃음)

네, 수험생 버전이죠. (웃음) 그 두 문구가 좋았다는 독자분들이 많았어요. 본인이 일하는 데 도움이 됐다고, 책에도 그런 뉘앙스가 있지만 '매일 하면 직업이다'는 지금도 백번 맞는 말이라고 생각해요. 매일 하면 그게 직업이고, 매일 책을 만들면 작가다. 그런데 '책을 내면 달라질 삶'은 사실 헛된 기대거든요.

책에도 나와 있지만 '책을 내고 뭐가 달라졌어?'라고 자신에게 물어봤을 때 엄청난 변화일 수도 있지만, 한편으로는 엄청난 변화가 없다는 그런 답변을 하잖아요.

'책을 낸 이후의 삶'은 주인공이 초반에 가졌던 헛된 기대를 상징하는 거예요. 주인공은 대단한 변화가 있을 거로 생각했던 거죠.

대단한 변화가 있을 거라고 기대하셨나요?

내 삶이 지금처럼 힘들지 않고 뭔가 달라지지 않을까 생각했어요. 달라지기는 달라진 거 같은데 대단한 변화라고 해야 하는지는 모르겠네요. (웃음)

'책을 낸 후에 달라질 삶'에 구체적인 상이 있는 건 아니었죠?

막연했죠. 책을 내고 나면 달라질 것, 당시에는 '지금'이 너무 싫었으니까 '책을 내면 뭐든 달라질 거야'라는 생각을 했었죠.

그래도 책을 내고 나서 생활은 바뀌지 않았더라도 심리적인 부분이나 생각들이 많이 변한 거죠?

많은 것들이 바뀌었죠. 단지 그 당시에는 이런 변화를 미처 생각하지 못했어요. 그때 생각했던 변화란 어떤 문학적인 영감을 받아서 작품 활동하고, 책을 계속 내면서 전업 작가가 되는 그런 거였어요. (웃음) 그때 당시 생각했던 변화와 지금의 변화는 다른 거 같아요.

저는 내용 중에 "바뀐 것 두 번째 책을 낼 수 있게 되었다. 첫 번째 책이 없으면 아무리 노력해도 두 번째 책은 낼 수 없다"라는 말이 감동적이었어요.

저도 진짜 좋아하는 얘기예요.

어떤 시도를 통해서 다음 단계로 나아갔다는 게 한편으로는 좋은 의미로, 잘 만든 자기계발서 느낌이기도 했어요. (웃음)

겪고 나니까 그게 가장 큰 변화였던 거예요.

주인공의 꿈도 업그레이드되었다고 해야 하나. 처음에는 주인공의 꿈이 건물주로 나오는데, (웃음) 후반부에는 인세로 먹고사는 걸로 바뀌더군요.

네, 인세로 백만장자

건물주와 크게 다르지 않은 느낌 같기도 하지만. (웃음)

그것도 허황한 꿈이죠.

그래도 조금 구체화된 느낌이었어요.

그런가요. (웃음)

앞의 꿈은 주인공과 상관없는 일처럼 느껴지는데 뒤에 나오는 꿈은 어쩌면 자신감으로 보이기도 했어요.

저는 그것도 헛된 거라고 보는데 (웃음) 확실히 건물주와 인세가 다르긴 하죠.

사실은 '책을 낸 이후 달라질 삶' 포스트잇을 붙였을 시점에는 인세로 백만장자 되는 걸 꿈꿨을 수도 있어요. 그런데 실제 일어난 변화는 두 번째 책을 내는 거였죠. 현실적이면서도 가장 중요한, 정말 중요한 변화였어요.

사람들이 무언가 시도를 했을 때 원래 바랐던 것과는 별개로 전혀 생각지도 못했던 걸 얻는 경우도 있지 않을까 싶어요. 시도하는 과정에서 생각지 못한 새로운 경험을 하게 되는 거겠죠. 『책 낸 자』는 서른으로 시작해서 서른하나로 끝나던데요. 서른이라는 나이가 갖는 의미라면 어떤 게 있을까요.

서른이라는 나이가 조급해지는 시기인 거 같아요. 저만 그랬는지 모르겠지만 저는 서른 살이 되면서 조급함을 느꼈어요. 아무것도 안 하는 느낌이 들었고, 실제로 잘못되어가는 건 없었는데 괜히 너무 불안하고 이대로 괜찮을까 하는 생각을 많이 했어요. 무기력한 느낌도 계속 들었고요. 그러다 보니 더 적극적으로 돌파구를 찾았던 거 같아요.

20대 후반에는 취직만 하면 될 거 같았는데 막상 취직하고 나니까 내 앞에 펼쳐진 건 취직하기 전에 생각했던 게 아니었던 거죠. 그 지점에서 겪게 되는 또 다른 불안감이 있는 거 같아요. 정신없이 일하는 신입 시기를 거쳐 적응될 만하니까 허무함이 찾아오는 그런 느낌이 있었어요. 그러던 중에 서른이 되고 보니 이제 더는 20대가 아니라는 게 불안하게 느껴졌어요.

책이 나오고 주변 반응은 어땠나요. 직장에는 작품 활동을 알리지 않아서 다들 모르는 상황인 거죠?

회사에서 친한 세 명은 알고 있고요. 부모님께 말씀드리는 게 제일 힘들었어요. 『고양이의 크기』는 아예 말씀을 안 드렸어요. 『책 낸 자』를 내고 한참 지나서 부모님께 말씀드렸는데 딸이 재미있게 생각하는 걸 하니까 당연히 좋아하셨지만 저는 주인공이 힘들어하는 모습을 보고 부모님께서 걱정하실까 봐 공개하기가 좀 어려웠거든요. 주변에서는 재미있어해요. 이제는 제가 주변 사람들에게 독립출판을 적극적으로 권하고 있어요.

앞에서 작업하면서 어려운 점이 시간이었다고 얘기해 주셨는데, 그밖에 힘들었던 점은 없었나요? 이 일은 누가 시킨 것도 아니고, 주어진 일도 아니다 보니 혼자 끌고 나가야 하잖아요. 쉽지 않은 일일 거 같은데요.

그 나이에,
그 당시에,
그 상황에 내가
할 수 있는 최선

『책 낸 자』를 만들면서 가장 힘들었던 점은 액정 태블릿으로 작업하다 보니 집에서 할 수밖에 없다는 게 굉장히 외로웠어요. 약속도 어지간해서는 잡지 않고, 주말에도 집에서 작업했어요. 그렇게 오랜 시간 혼자서 작업을 한다는 게 꽤 힘들었어요.

『고양이의 크기』 때는 『책 낸 자』에도 나오는 데 그림 수정하는 게 그렇게 힘들더라고요. 못 그린 부분만 찾아서 수정하면 되는데, '왜 이렇게 못 그렸지', '왜 다 번졌지', '선은 왜 이렇게 더럽지', 이런 생각만 하게 되니까 속도도 안 나고 힘들었던 거 같아요.

창작 활동을 하고 있다는 과정 자체는 뿌듯함을 주는 일이었지만 그런 실질적인 부분이 힘들더라고요. 다음 작품도 집에서 많이 하게 될 텐데 벌써 걱정이 돼요.

가장 좋았던 점은 무엇인가요?

처음에는 콘티도 짜고 나름대로 계획을 세운 다음 그리는데, 그리면서 계획들이 또 바뀌거든요. 그런 과정이 무척 재미있었어요. 내가 만들고 있지만 살아있는 생명체를 보는 거 같은 느낌이었어요.

가장 아쉬웠던 부분은 무엇인가요?

아쉬웠던 부분은 엄청나게 많죠. 『책 낸 자』는 교정쇄를 12쇄까지 뽑았거든요. 틀린 게 자꾸 나와서. 그런데 후회는 하지 않아요. 그 나이에, 그 당시에, 그 상황에 제가 할 수 있는 최선을 다했다고 생각해요.

막연한 질문이지만 어떤 삶을 살고 싶으신가요.

제가 최근에 생각해 본 삶은 저 자신을 사랑하는 삶이에요. 『책 낸 자』에 나온 것처럼 예전에는 또 다른 자아를 만들어 자신에게 상처를 주는 생각을 많이 했었어요. 그걸 『책 낸 자』를 통해 어느 정도 털어냈고요.

예전이라면 계속 뭔가를 창작하는 삶을 살고 싶다고 대답했을 수도 있을 거 같아요. 하지만 이제는 언젠가 '더는 책을 만들지 않겠어'라고 말하게 되는 상황이 오더라도 '왜 만들지 않아? 그건 잘못된 거야'라고 공격하지 않고 '만들지 않는구나, 그래'라며 고개를 끄덕여 주는, 그때그때의 감정과 생각들을 모두 포용해주고 사랑해주는, 자기 자신을 사랑하는 그런 삶을 살고 싶어요. 어떤 상황에 있더라도 자신을 사랑하는 마음을 잃지 않는 게 제가 꿈꾸는 삶이에요.

『책 낸 자』 작업을 통해서 바뀐 부분인가요.

『책 낸 자』에서 보면 자기혐오의 정서가 좀 있잖아요. 그 감정들을 작업을 통해 충분히 풀어냈기 때문에 가능했던 것 같아요.

자기혐오의 정서가 많이 해소된 거군요.

좀 더 밝고 건강한 자아로 살려고요. (웃음)

표어 같습니다. (웃음) 다음 책에 대한 주제나 내용은 잡으셨나요?

대략적으로는 잡았고요. 패션에 대한 내용입니다. (웃음)

패션이요? 지금까지의 책을 봐서는 전혀 생각지 못했던 주제네요.

패션이라기보다는 옷에 대한 걸 개인적인 경험과 엮어서 생각하고 있어요. 매일매일 누구나 옷을 입고, 입은 옷에 대한 추억이나 경험이 생기잖아요. 그런 걸 엮어서 만들어볼까 해요.

작업 기간은 보통 얼마나 잡으시나요.

『고양이의 크기』는 6개월 정도 걸렸고, 『책 낸 자』는 8개월 정도 걸렸어요. 이번에도 한 8개월 정도 예상하고 있어요.

그림과 같이하는 작업만이 아니라 글이 위주인 작품도 쓰실 생각이 있으신가요.

최근에 글쓰기 책을 좀 보면서 생각이 좀 바뀐 게 예전에는 문학에 대해 높은 기준을 가져야 한다고 배웠고, 전공도 국어교육이었거든요. 완벽한 글을 써야 한다는 생각 때문에 시도조차 하기가 어려웠어요. 많은 사람이 그럴 테지만 저도 그중에 하나였어요. 일단 써봐야 좋아지든 말든 할 텐데 말이죠. 그런데 최근에는 생각이 좀 바뀌어서 글도 편하고 자유롭게 쓸 수 있겠다는 생각을 해요.

다음 책은 그림으로도 그릴 수 있고, 에세이로도 낼 수 있다고 생각해요. 소설도 한번 쓸 계획이 있고요. 쓰고 싶으면 언제든 쓸 수 있다고 생각해요.

마지막으로 서귤 작가의 그림이나 책이 독자들에게 어떤 의미가 되었으면 하나요?

제 작품을 보고 나서 '이 사람도 재미있는 거 하는 데 나라고 못 할쏘냐'라는 마음을 갖게 되시면 좋겠어요. 그래서 그분도 새로운 걸 해보는 계기가 되었으면 해요.

책 파는 박성민
금호동 작은 책방 '프루스트의 서재' 대표, 『되찾은:시간』 저자.

하시는 일과 자기소개 부탁합니다.

책을 판매하고 소개하는 일을 하고요. 글을 쓰고 있습니다.

인터뷰 제목이 '나를 닮은 일'입니다. 그런 얘기를 들어보신 적이 있으신지, 일과 내가 닮았다고 생각하시나요.

그렇게 보시는 분들도 없지 않아 있어요. 연관 지어 생각할 수 있으니까. 이 일을 오래 했다고 생각하면 닮은 거 같다는 느낌을 받기도 하지요.

책방과 잘 어울린다는 느낌이에요.

책방과 닮았다는 게 어떤 이미지일까요.

조명 때문인지 편안하고 따뜻한 느낌

조명 때문인가요. (웃음) 제가 처음 일했던 데가 금호동에 헌책방이었어요. 거기가 직원이 열 명이었거든요. 그때가 97년도였는데, 막 온라인으로 책을 판매하던 시점이었어요. 사장님도 작은 책방에서 헌책을 파시던 분이었는데 온라인으로 책을 판매해야겠다고 마음을 먹고 서버를 구축하고 직원들을 여러 명 데려다가 온라인 판매를 시작했던 거죠. 사장님이 책을 무수히 가지고 오면 다른 사람들은 데이터베이스화해서 온라인에 올리는 작업을 하고 나머지 분들은 주문서가 들어오면 책을 찾아서 발송하는 업무를 했어요.

저는 들어갔을 때 데이터베이스화하는 역할을 맡았거든요. 책이 들어오면 책 상태를 구분하고 기존 데이터 보면서 이건 얼마쯤 하는구나 하면서 가격 넣는 일을 했죠.

온라인 중고서점에서 최상급과 중급 구분하듯이 말이죠?

맞아요. 모르는 건 사장님한테 얼마쯤 넣으면 될지 물어보고 얼마 넣으라고 하면 넣고 그랬어요. 그걸 1년 정도 하다가 독립된 공간으로 배치를 받았거든요. 매장이 한군데가 아니고 몇 군데 분리되어 있었어요. 잡지·만화책 매장하고 참고서·문제지·교과서 매장이 따로 분리되어 있었는데, 저는 잡지랑 만화책을 주로 취급하던 곳에 있었어요. 거기서 관련된 책들을 데이터베이스화하고 따로 주문서가 들어오면 주문 처리하고 손님 응대도 하고, 포괄적으로 했었죠. 그런데 거기서 일했을 때 작업 환경이 1층인데도 불구하고 마치 컴컴한 지하실에 있는 것처럼 굉장히 어두웠어요. 사방이 다 책으로 감싸져 있어서.

책을 두는 별도 창고가 없었군요.

네, 별이 들어올 공간이 없었던 거예요. 그래서 60촉이 맞나요? 들어오는 입구에 형광등 하나까지 포함해서 1층 전체 공간에 등이 두세 개가 전부였어요. 제 자리가 딱 60촉 노란색 전구 하나가 켜있던 자리였어요. 그 불빛 하나만으로 일을 하는 거죠.

근대문학에 나오는 한 장면 같은데요.

네, 맞아요. 그런 느낌. 그런데 그때는 책방 할 생각을 하지 않았을 때였으니까 그런 게 없었는데 지금 보니 그때 느낌을 좀 받지 않았나 싶어요. 그 노란 불빛. 그러면서 책방을 했을 때 노란 불빛이 있는 곳에서 해야겠다. 그런 영향이 좀 있었던 거 같아요.

그러고 보니 조명이 새롭게 보이네요. 헌책방에서 일하신 후에 대형 서점에서 일한 경험이 있으시잖아요? 그런데 대형 서점보다는 헌책방 때 경험들이 지금 서점으로 이어진 거네요.

그렇죠. 아무래도 그때 영향을 많이 받았죠. 책이 이렇게 많이 있는 것도 제가 일했던 환경이 온통 다 책이었기 때문에 책방은 이런 것이다. 그런 느낌인 거죠.

책방은 어떻게 시작하시게 되었나요? 대형서점을 나온 이후 오직 책방을 해야겠다는 생각이셨나요.

처음 책방에 들어가게 된 이유가 글을 쓰고 싶어서였는데, 아시다시피 글만 써서 벌어 먹고살기에는 현실적인 어려움이 있잖아요. 그래서 글과 연관된 곳에서 일하면 좋겠다는 생각이 어렴풋이 있었어요. 마침 전역을 하고 나서 일을 찾던 중이었는데, 우연히 동네를 돌아다니다 헌책방을 보고 여기서 일도 하고 책도 보고 그러면 좋겠다 싶어서 들어가게 된 거거든요.

아무래도 책과 관계된 일을 했었으니까 내가 글을 쓰면서도

다른 외적 수입을 얻으려면 제가 했던 일이 편하고 좋잖아요. 또 책방 일이 저한테도 잘 맞는 일이기도 하고, 그래서 책방을 하면서 정말 작업실처럼 이 공간을 쓰면 좋겠다 하는 마음으로 책방을 연 게 컸어요.

대형서점에서 일하면서 글도 쓴다는 게 어려운 일이지요.
어려웠죠.

책과 가까이는 있지만.
정말 가까이 있지만 일이었죠, 책 자체가.

글을 쓸 수 있으면서도 한편으로는 부수적인 수입이 있어야 하고, 책을 다룬 경험도 있으니 현재 모습이 가장 잘 어울리지 않나 싶어요.
맞아요. 서점에서 일했을 때도 분명 제가 좋아하는 스타일대로 책을 보면서 일을 했으면 잘 맞았을 텐데 그렇지 못하니까 오래 일하지 못했던 거고, 지금 형태가 저에게는 가장 잘 맞기 때문에 서점을 하는 거죠.

글을 쓰는 작업실로의 의미 외에 외부로 드러나는 책방의 의미가 있잖아요. 기존에 경험했던 헌책방이나 대형서점과는 많이 다른 의미일 거 같은데요.
외부로의 의미보다는 내가 재미있다는 게 제일 크고요. 기존에 있었던 큰 서점에서는 책과 관계된 사람, 출판사 영업자 같은 분들과 이야기를 나누기는 하는데 저자와 얘기를 나눌 기회는 없어요. 그런데 독립출판물을 다루면서 쓰신 분들이 직접 와서 자기가 쓴 책 이야기를 들려주고 저도 책에 대해 물어볼 수 있어서 그런 부분들이 재미있더라고요. 이렇게 글을 쓰고 책을 만드는 사람들이 많다는 걸 또 다른 사람들에게 보여줄 수 있다는 의미도 있고요.

작은 책방과 독립 출판물이 늘어나면서 출판 성격을 많이 바꿔놓는 것 같아요. 오롯이 책방을 만나게 되고, 저자를 만나게 되기도 하고요.

맞아요. 기존 틀을 깨는 거죠.

시작하는 과정에서 가장 어려웠던 점은 무엇이었나요.

책이 팔릴까? 어쨌든 월세는 낼 수 있어야 하는데, 그게 가장 큰 고민이었죠. 제가 아무래도 책방에서 좀 오래 일을 했었으니까, 그동안 가지고 있던 책들도 있고, 받은 책들도 꽤 있어서 시작하는 데는 크게 어렵지 않았어요. 또 중고책방에서 일한 경험이 있어서 판매되는 상황들을 알잖아요. 처음에는 당연히 월세 이상은 낼 수 있을 거라고 자신한 것도 있었어요. 그런데 위치는 세심하게 보지 못한 거죠. 물론 고려를 한다고 했지만 어쨌거나 이 동네에 책방을 열게 된 거잖아요. 이곳에서 책방을 한다는 건 정말 어려운 일이더라고요. 제가 생각했던 것들을 완전히 깨부수는 수준이었어요.

처음부터 금호동을 염두에 두신 건 아니었나요.

책방을 하려면 사람들이 모이는 곳으로 가야겠다. 저도 그런 생각을 많이 했어요. 연남동, 서촌, 해방촌, 다 돌아봤어요. 연남동은 한창 개발이 되기 전에, 그때는 그래도 월세를 낼만한 상황이었죠. 그런데 저는 좀 오래 하고 싶은 생각이 있었거든요. 책방을 작업실처럼 사용하면서 글을 쓰고 싶었으니까, 그런 곳으로 갔을 때 어떤 문제가 생길지 생각해보니까 결국에는 젠트리피케이션 문제가 일어날 거 같았어요.

오래 못 버티고 그 장소를 또 나오면 몇 년 다시 고생해야 하는 경우도 있고, 그럴 바에는 차라리 내가 원하는 공간, 잘 팔리는 공간이 아니고 내가 글을 잘 쓸 수 있는 최적의 공간, 그리고 세가 저렴한 곳, 오래 버텨야 하니까요. 그런 곳을 염두에 두고 찾아보니까 이 동네, 우리 동네가 나쁘지 않더라고요. 그때부터 이 주변을 자주 돌아다니다가 이곳을 발견하게 된 거죠. 그때는 집과도 5분 거리였고, 일 층이고, 볕도 굉장히 잘 들어오고, 손댈 곳도 없었어요.

책방을 하시는 분들은 지역, 동네에 대한 고민을 많이 하실 거 같아요.

네, 맞아요.

일단 매출은 있어야 하는데, 세는 싸야 하고.

   책방 대부분이 큰 길가에 있지 못하고 동네 구석구석에 자리하고 있잖아요. 그래도 저는 괜찮은 중고 책들을 많이 가지고 있으니까 어느 정도 판매가 돼서 잘 유지할 수 있지 않을까 생각했었는데 생각보다 판매가 안 되는 걸 보고 약간 걱정을 했었죠. 그런데 다행스럽게도 여러 가지 일들이 생겨서 그때그때 월세를 낼 수 있었던 거 같고 한 일 년 정도는 마이너스가 될 각오를 하고 있었어요. 좀 무모하긴 한데 그 안에 글을 좀 열심히 써서 만회해 볼 수 있지 않을까 생각했어요. (웃음)

책방을 하신다고 했을 때 주변 반응은 어땠나요. 혼자 결정하신 건가요.

   네, 얘기는 했었는데……. 다들 우려스러운 눈길로 보기는 했죠. 잘 안 될 거 같은 책방을 하려 한다고.

저도 출판사를 한다고 했을 때 사양산업이라는 이야기를 제일 많이 들었는데, (웃음) 책방은 더할 거 같아요.

   네, 장난 아니죠.

그럼에도 주변의 우려로 인해 결정이 흔들리거나 하지는 않았던 거죠?

   네, 그렇죠.

저도 출판사를 시작했을 때 당연히 잘 될 거라는 막연한 생각을 하고

있어서 크게 걱정을 안 했거든요. (웃음)

저도 그랬는데, 책방이 잘 될 거라고. (웃음)

2015년 1월에 서점을 여셨어요.

네, 1월 1일에.

보통 3년이 지나면 고비는 지난 거라고 얘기를 하는데요.

사업성 측면으로 보자면 매달이 고비죠. 그런데 저는 최종 목적이 월세를 내면서 이 공간을 유지하는 게 목적이었으니까 지금까지 고비를 느껴보지는 않았어요. 꾸준하게 월세를 냈었으니까.

작은 책방 얘기를 하면 매출에 대한 궁금증이 생깁니다. 먹고살 수 있느냐의 문제겠지요. 월세 내는 걸 목적으로 한다면 생활비는 어떻게 하시나요.

각자 먹고사는 기준은 다르다고 봐요. 저는 많이 소비하지 않아도 이 안에서 조그만 즐거움들을 누리고, 책방을 유지하는 데 충분히 만족하고 있거든요. 저마다 생각하는 소비 기준이 따로 있을 거고 그 안에서 즐거움을 느끼니까 저하고는 다른 거죠.

사람마다 기준점이 다르니까 자신의 기준으로 바라보는 거 같아요. 어떤 사람은 평균치를 훨씬 웃도는 돈을 벌면서도 항상 부족함을

각자 먹고사는
기준은 다르다

느끼기도 하니까요.

저도 월세 받아서 생활하시는 분들 보면 정말 부러워요. (웃음)

자신이 좋아하는 일과 생계를 책임져 주는 일과의 교차점을 찾지 못하는 사람들이 많은 거 같아요.

그런 사람들도 있잖아요, 자기가 뭘 좋아하는지 모르겠다는. 제가 책방 하는 걸 보면서 참 행복해 보인다고 얘기하는 친구가 있는데 "너도 네가 좋아하는 걸 해 봐"라고 하면 자기는 뭘 좋아하는지 모르겠다고 해요. 그런 사람들이 의외로 많더라고요.

어떻게 하면 좋아하는 일을 찾을 수 있는지 묻는다면 뭐라고 답을 줄 수 있을까요.

다양한 경험을 해봐야 하지 않을까요. 그 안에서 자기만의 즐거움을 찾아야겠죠. 일만 하다 보니까 다른 걸 신경 쓸 여력이 없는 거겠죠? 스포츠를 하더라도 다양하게 할 수 있고 다른 걸 해봤을 때 다른 느낌이 있는 거잖아요.

'좋아하는 일만 해서는 살 수 없다'는 말을 하곤 하잖아요. 좋아하는 일을 한다는 게 비현실적이거나 무모한 일로 여겨지기도 하고요.

그런데 정말 할 수 없을까요? 저는 할 수 있다고 생각하거든요. 해 볼 수는 있는 거잖아요. 시도조차 안 하는 건······. 결국은 선택이죠. 그렇게 해서 자신에게 더 큰 만족감이 있다면 그걸 선택하면 되는 거니까, 뭐가 더 큰지는 생각해 볼 수 있겠죠.

'프루스트의 서재'를 선택하고, 가장 달라진 게 있다면 무엇일까요.

자유롭다는 느낌. 어쨌든 제가 책방을 차리기 전에는 시스템 속에서 일해야 했기 때문에 출근과 퇴근은 물론 밥 먹는 것까지 거기에 맞춰야 하잖아요. 여기서는 당장 안 해도 되고 나중에 해도 되고 내 마음대로 할 수 있는 자유로움이 있어요.

자칫 자유로움을 경제적인 문제와 연관 지어서 경제적인 안정을 얻어야만 자유가 주어진다고 생각하는 경우도 있지 않을까 싶은데요. 지금 하시는 일에서 느끼는 자유로움의 가장 큰 특징은 뭐라고 생각하세요.

스스로 결정을 내릴 수 있다는 점이 굉장히 중요한 거 같아요. 그런데 사람들이 그걸 잘 못하거든요. 시키는 일을 해야 오히려 마음이 편해지는 건지…….

스스로 결정을 내린다는 건 한편으로는 굉장한 도전이지 않을까 싶기도 해요. 그에 대한 책임이 모두 본인에게 주어지는 거니까요.

내가 한 부분에 대해서 책임도 내가 다 질 수 있으니 자유로울 수 있는 게 아닐까요. 그런데 시스템 밑에서는 서로 책임을 떠넘기려고 하지 자기가 책임을 지려고 하지는 않잖아요.

책방을 시작하고 나서 이건 잘못 생각했다든지 혹은 실수 같은 게 있었다면 무엇이 있을까요.

저는 거의 최악의 상황을 생각하고 책방을 열었기 때문에 계속 긍정적인 단계를 밟아 와서 그런 부분은 별로 없어요. 다만 판매 수입이 정체되어 있으니까 좀 고민이 되기는 하죠. 다른 것을 해보고 싶어도 어느 정도는 금전적인 부분이 뒷받침되어야지 해볼 수 있는 거니까요.

해보고 싶은 다른 것들이라면?

서점으로 해볼 수 있는 것들, 당연히 글 쓰는 게 먼저지만 서점을 좀 더 다양하게 변모시키고 싶어요. 서점을 하면서 하고 싶은 것들이 있는데 그걸 전혀 할 수가 없어서 그게 좀 아쉽죠. 책을 들여놓는 문제도 마찬가지예요. 책을 다양하게 들여놓고 판매하고 싶은데 책을 사야 하는 부분도 있고요.

매출 외에 서점 운영에서 가장 어려운 점이 있다면 무엇인가요?

어쨌든 서점이라는 곳은 책을 보여 주는 곳이잖아요. 책을 보여주고 판매를 하는 곳인데 잘 보여주려면 그만큼 책을 다양하게 편한 방법으로 들여와서 소개할 수 있어야 하잖아요. 그런데 현재의 유통 시스템으로는 그게 잘되지 않는 점이 좀 어려운 부분이죠. 내가 판매를 잘하고 싶어도 뒷받침이 안 되면 힘든 거고, 특히나 지방 쪽은 더 심할 거라고 생각돼요.

4년째 책방을 하고 있으니 가끔 다른 책방을 가서 보기도 하는데 부러운 책방이 있어요. 특히 선정된 책들을 일목요연하게 보여주고 있는 부분들이 좋더라고요. 물론 저도 하고는 있지만, 옛날 방식이라고 해야 하나, 뭔가 분야별로 나누는 것도 그렇고요.

옛날 방식이라는 건 예전에 서점에서 일했던 경험 때문일까요?

일단은 책을 많이 들여놓다 보니까 아무래도 그런 측면이 있죠. 분류별로 하지 않으면 내가 힘들어지는……. 그리고 애초에 제가 보고 싶은 책들 위주로 하다 보니, 그래서 아무래도 그런 게 덜하지 않나 싶어요.

손님 중에 지역 주민 비중은 얼마나 되나요?

초기에는 그래도 동네 분들이 관심을 가지고 오셨는데 지금은 동네 분들보다는 SNS를 보고 찾아오시는 분들이 더 많은 거 같아요.

저도 책방을 추천할 때는 꼭 프루스트의 서재를 추천합니다.

감사합니다. (웃음)

다녀온 사람들한테 어떤 길로 갔느냐고, 금남시장에서 올라갔다고 하면……. '무리일 텐데'라는 생각이 들기도 하고요. (웃음)

가끔 물어볼 때가 있어요. 숨차 보이시면 혹시 시장 쪽으로 올라오셨느냐고.

한 인터뷰에서 24시간 운영하는 책방 이야기를 하셨더라고요.

행사 개념으로 해봐도 재미있지 않을까 생각해요.

아, 항시적인 게 아니군요.

대만에 갔을 때 24시간 서점을 간 적이 있었어요. 저녁 늦은 시간이었는데 사람들이 다 책을 읽고 있더라고요. 바닥에 앉아서도 읽고 그게 인상에 남더라고요. 그곳은 행사 성격이 아니라 항시적으로 운영되는 공간이었어요.

밤에도 이용하려는 분들이 있을까? 그런 생각을 해보니까 가능할 거 같더라고요. 사이클 자체가 다른 분들 같은 경우에는, 밤이나 새벽에 책방에 오고 싶어 하시는 분들이 있을 텐데, 대부분 책방이 아무리 늦어도 10시 이후에는 문을 닫으니까……. 개방을 해서 그런 분들이 찾아올 수 있게 하면 어떨까 하는 생각을 해봤어요.

그러면 개방된 시간 동안 계속 근무를 하시는 건가요.

아뇨, 그냥 열어놓고……. 그냥 문 열고 들어와서 시간에 구애받지 않고 책을 볼 수 있으면 좋지 않을까 생각해봤어요.

많은 사람이 말리지 않을까요? (웃음) 사람들이 공간과 친해지면 더 자주 가게 되고 오래 머무르게 되지 않을까 싶은데요. 책만 보는 게 아니라 작업도 할 수 있는 공간으로도 활용되면 어떨까 싶기도 합니다.

책 파는 　　　　　　　　박성민

네, 가능하죠. 제가 아는 사장님 중에 한 분이 목요일은 다른 일을 하거든요. 그래서 그날은 무인책방으로 해요. 계좌번호 적어놓고 책 제목을 적을 수 있게 명단 하나 만들어놓고요.

『되찾은:시간』이란 에세이를 출간하셨죠. 개인적으로 참 좋아하는 책입니다. 책에 보면 "이상적인 삶은 누구에게나 있고 그런 삶을 실현하는 것도 그의 몫이다. 그런 의미로 시작한 책방은 내게 끊임없이 질문한다. 왜 책방을 하는 건지. 밥은 먹고 살 수 있는지. 현재에 만족하고 있는지. 앞으로의 계획은 무엇인지"라고 쓰신 구절이 있어요. 여기서 질문을 드리자면 먼저 현재에 만족하시나요.

완전한 만족까지는 아니어도, 어느 정도는 만족하죠.

어떻게 보면 '완전한 만족'이란 말은 앞으로 더 하고 싶은 일, 해야 할 일들이 있으니까 성립되기 어려운 말이기도 하네요. 어느 정도의 만족이란 앞으로 해 나갈 수 있는 여건이 있다는 거니까요.

네, 그런 여건이 있으니까 만족하고 있는 거고, 그게 잘되지 않는 것에 대해서는 불만족을 가지고 있는 거죠.

이 일을 하시면서 가장 기뻤던 순간은 언제였나요?

다양한 사람을 만나고 이야기 나누고 또 그 사람을 다시 보고 하는 것들이요. 그전에 일을 하면서는 인간관계들이 단편적으로 끊어졌었거든요. 책방을 하면서 다양한 사람들을 만날 수 있었고,

그런 관계들을 길게 유지할 수 있는 그런 점들이 기뻤던 거 같아요.

저도 작은 책방을 갈 때 책방이 항상 여기에 있었으면 좋겠다는 생각을 하거든요. 『책과 사람이 만나는 곳 동네서점』이라는 책을 읽다가 "'오늘의 갈 곳'과 '오늘의 할 일'이 되어주는 장소로써 서점이 존재하는 것"이라는 글을 읽은 적이 있어요.

동네를 좋아할 수 있는 요소로도 작용하지 않을까요. 내가 전혀 모르는 동네인데 어떤 책방이 좋아지면 그 동네를 자주 가게 되잖아요. 동네 전체를 살펴보게 되고 좋아할 수 있는 부분도 생기니까, 또는 자기 사는 동네에 그런 책방이 있다면 그런 즐거움을 느낄 수 있으니까요. 저도 책방이 생기면서 여기저기 다녀보게 되니까 못 보던 곳들을 볼 수 있는 그런 재미가 있더라고요.

현재 쓰고 있는 글이 있으신가요?

농구에 관한 이야기를 쓰고 있어요. 그렇다고 전문적인 지식을 풀어내는 이야기는 아니고요. 처음으로 흥미를 느낀 운동이 농구였어요. 푹 빠져서 날마다 운동을 했어요. 저는 농구가 너무 좋아서 할아버지가 될 때까지 할 거라고 생각했는데, 신기하게도 어느 지점에서 그런 마음이 한순간에 사그라지더라고요.

| 책 파는 | 박성민 |

에세이인가요?

네, 농구라는 스포츠를 빌려서 쓴 제 삶의 이야기입니다. 한순간에 사라진 그 마음의 지점이 지금까지 농구라는 스포츠에 빠지게 된 부분과 깊은 연관이 있더라고요. 그걸 돌아보고 싶었어요. 쉽게 말하면 제 삶의 전반부를 풀어내고 싶은데 그것을 설명할 수 있는 키가 농구인 거죠. 아무래도 오래전의 경험을 떠올리며 써야 하는 거라 그때의 느낌을 잘 떠올릴 수 있을지 모르겠네요.

원래는 지난겨울에 제주도 무명서점과 서점을 교환해서 운영했던 경험을 토대로 교환서점에 대한 글을 써보려고 했는데 그때 기억만으로 쓰는 건 부족한 거 같아서 한 번 더 바꿔서 해봤으면 좋겠다는 마음이 있어요. 몇 가지 이야기는 나올 수 있어도 책으로 묶어내기에는 부족해서요.

교환서점 기간이 한 달이었나요?

3주였어요.

어떠셨나요. 교환서점이라는 의미도 색다르지만, 제주도에 있는 서점이라니 또 다른 느낌이었을 거 같은데요.

제가 제주도에서 생활을 해보고 싶었기 때문에 굉장히 좋았어요. 그리고 워낙 계절서점처럼 한 계절에 내려가서 한두 달 있다가 다시 올라오는 방식으로 서점을 해보고 싶다는 마음을 가지고 있었거든요. 그게 발로가 돼서 교환서점을 하게 됐던 거죠.

워낙 제주도에서 생활을 해보고 싶어 하시기도 했고, 꼭 제주도가 아니라도 다른 곳에서 서점을 운영해 보고 싶다는 마음이 합쳐진 거니까.

다른 지역에서 오랫동안 한곳에 머물렀던 적이 없었기 때문에 그런 경험도 해보고 싶었어요. 여기가 아닌 다른 곳에서 서점을 한다면 어떤 느낌일까도 궁금했고요.

어떤 느낌인가요. (웃음)

그냥 좋았다는 거 외에는 설명하기가 어려워요. (웃음)

많은 사람이 일상에서 잠깐이라도 벗어나 새로운 장소에서 지내는 걸 꿈꾸곤 하잖아요.

그래서 여기저기서 한 달 살기 같은 것도 있는 거겠죠. 저는 이 동네에서 태어나서 계속 생활을 했거든요. 잠깐의 여행 말고는 이곳을 벗어나 본 적이 없으니까, 그런 경험은 좀 특별한 거죠.

여행은 비교적 짧은 기간 안에 끝나게 되고, 이주라는 건 너무 어려운 일이잖아요. 여행과 이주 사이 정도? 새로운 곳에서 머무른다는 건 좋은 경험이 될 거 같아요. 생각지 못한 것들을 알게 될 거 같기도 하고.

맞아요. 잠깐 머물러서는 볼 수 없는 것들이 있잖아요. 어느 정도 머물렀을 때 보이는 모습들이 있고. 그런 것들을 보는 즐거움도 있죠. 그런 일이 너무 많아서 더 좋아지게 된다면 이주할 수도 있겠죠.

기대되네요. 잠시 다른 곳으로 떠나가 있는 시간에 대한 이야기도 그렇고, 서점을 교환해서 운영한다는 이야기도 궁금하고요.
   저한테도 특이하고 재미있는 경험이었으니까요.

마지막으로 어떤 계획을 하고 있으신가요. 어떤 삶을 살고 싶으신가요.
   단순하게 얘기하자면 앞으로 내가 쓰고 싶은 글들을 계속 쓰는 것, 이게 책방을 하는 것과 다르지 않더라고요. 책방을 하는 것도 내가 좋아서 하는 것이고, 글을 쓰는 것도 마찬가지니까요. 어떤 것에도 구애받지 않고 하고 싶은 것을 지속해서 이어갔으면 좋겠습니다. 쓰고 싶은 소설이 있는데, 그걸 시간을 들여서 쓰고 싶어요.

앞에서 오늘의 갈 곳과 오늘의 할 일이 되어주는 장소로서의 동네서점을 얘기했는데, '프루스트의 서재'가 오래도록 그런 동네서점으로 자리하기를 바랍니다.

출근길 콘텐츠를 만드는 김지언
미디어 스타트업 '왈이의 아침식땅' 공동대표

하시는 일과 자기소개 부탁합니다.

출근길 표정을 바꾸는 오디오 콘텐츠 '왈이의 아침식땅'을 만들고 있습니다.

'왈이의 아침식땅'을 모르는 분들을 위해 어떤 콘텐츠인지 설명 부탁합니다.

누구나 자신의 이야기를 들어줄 누군가가 필요하잖아요. 이 콘텐츠 자체를 저희는 '아침밥'이라고 표현하는데요. 지금은 저희 웹사이트(wal.am)와 네이버 오디오 클립을 통해 10분 이내의 아침밥을 차리고 있어요. 출근길 인간들이 왈식땅에 와서 이야기를 들려주면 강아지 왈이가 얼렁뚱땅 아침밥을 차려줘요. 판타지로 가득한 식당에서 벌어지는, '일하는 사회 초년생의 오늘, 지금, 여기'에 대한 이야기라고 보시면 될 것 같아요. 변화를 만들어 낼 수 있는 사소한 일상에 집중하려 해요. 처음 올린 메뉴는 '회사 화장실만 가면 울음꼭지 트는 인간을 위한 밤조림'이었어요.

'왈이의 아침식땅'을 들으면서 문득 심야 식당이 생각난 적이 있어요. 그런데 심야 식당과는 다른 게 심야는 힘든 하루를 정리하는 느낌이라면 아침은 힘차게 하루를 시작하는 느낌이잖아요. 오디오 클립 맨 마지막에 강아지가 '밥 먹어 인간'이라고 하는 말이 힘내라는 응원으로 느껴지더라구요.

아침은 세상으로 나가는 거니까 나를 채우는 게 필요한 거 같아요. 밤에는 세상에서 나로 돌아오는 거니까 비우는 게 필요한 거 같고요. 심야식당은 비우는 느낌이라면 저희는 채우는 느낌이죠.

출근길 인간들에게 밥을 챙겨준다는 콘셉트인데, 왜 아침밥으로 결정하게 되었나요.

저희가 공통으로 관심 있어 하던 화두가 출근하는 사람들 표정이 너무 어둡다는 거였어요. 그런 출근길을 바꾸는 데 필요한 게 무엇인지 여러 가지를 생각하다가 팀에 막내 친구가 "아침에 필요한 게 아침밥밖에 더 있어?" 했는데 그게 저희에게 엄청나게 크게 다가왔던 거예요. 아침밥이 주는 정서적인 측면이 있잖아요. 간소하면서도 진정성 있게 느껴졌어요. 실제로 저희 모두 아침밥을 배불리 먹고 나가는 걸 중요하게 생각하는 사람들이기도 하고요. 아침밥을 챙겨 먹고 하루를 시작하면 나 자신을 잘 보살피고 있다는 느낌이 들거든요.

출근길 사람 중에서도 20대에서 30대 초반으로 대상이 맞춰져 있는 느낌이에요.

남녀노소 많은 사람이 어느 정도 공감하도록 하는 것보다 24세에서 32세까지의 여성이 '이건 정말 내 이야기잖아?'라고 할 수 있는 걸 만들고 싶어요.

여러 가지 이유가 있겠지만 저희가 그 또래이기도 하고, 제일 잘 이해할 수 있기 때문이기도 하고요. 저희 역시 사회초년생이기도 하고요.

개인적으로는 오디오 클립을 들으면서 4, 50대 분들도 좋아하겠다는 생각이 들기도 했거든요. 사연이 젊은 층에 맞춰져 있지만, 내용에 따라서 더 다양한 사람들에게 다가갈 수 있지 않을까 싶더라고요. 모두 외롭거든요. (웃음)

나중에는 확장하고 싶은 생각도 있어요. 하지만 우선은 작은 대상부터 확실히 붙잡아야 확장 가능성이 높아진다고 생각해요. 저희가 투자 심사를 받으면서 많이 받았던 조언이기도 하고요.

특이하게도 '왈이의 아침식땅'에서 손님의 이야기를 들어주고 요리를 하는 주인공이 사람이 아니라 강아지입니다. 주인공이 강아지인 특별한 이유가 있나요?

예전에 스타트업 네트워킹 모임에서도 왜 주인공이 '개'인지에 대한 질문이 나왔었거든요. 대표인 영은 언니가 그 질문에 답하려고 "아침에 개소리를 들으면"이라고 입을 뗐는데 들으시는 분들이 박장대소를 하시더라고요. 그저 어쩌다 보니 나온 말이었는데. 그 뒤로는 이 질문에 '왈은 아침에 듣는 개소리라는 뜻에서 시작됐습니다'라고 답해야 하나 고민했어요. (웃음)

사실은 저희가 아침 출근길에 문장을 배달하는 서비스를

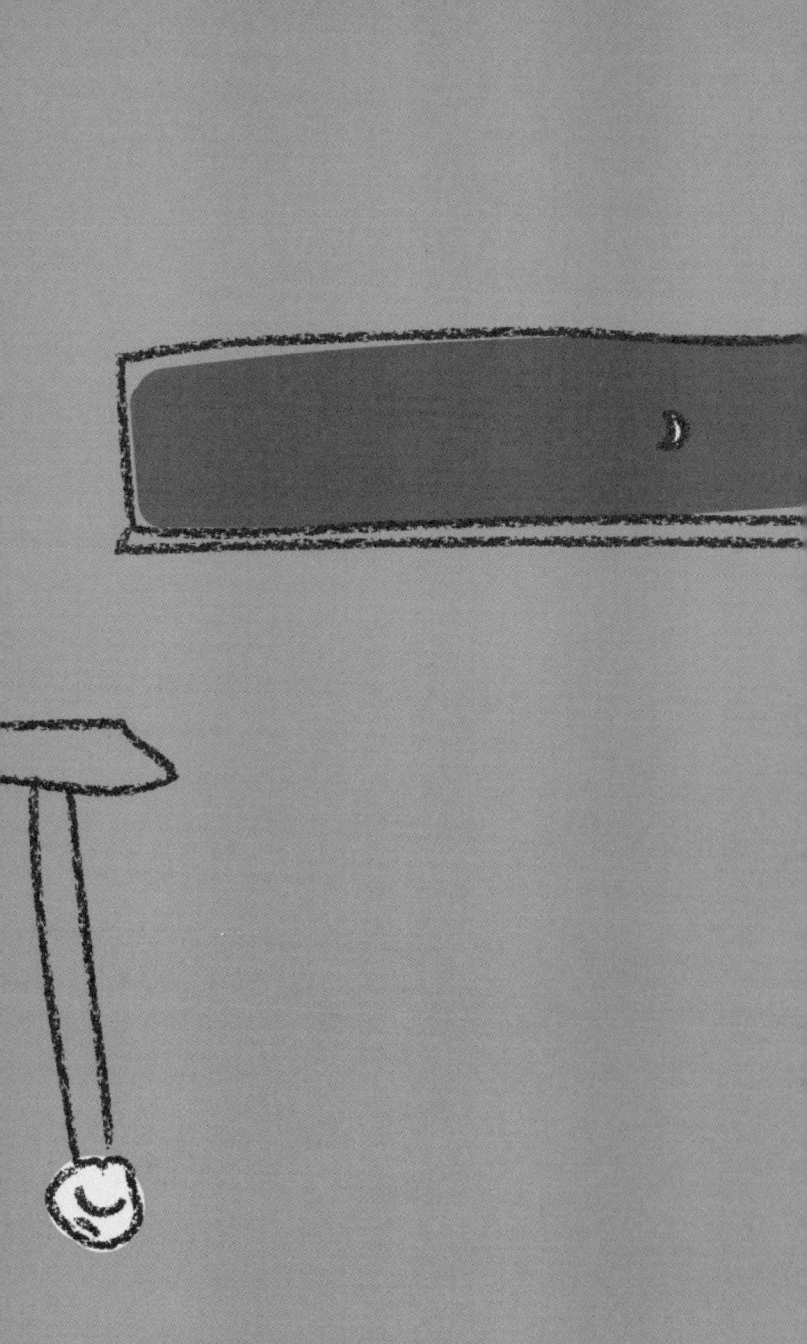

했었는데, 그때 '누구누구 왈(曰)'이라고 할 때처럼 인용의 의미로
처음 '왈'이 떠올랐었어요. 마침 몇 년 전에 그려두었던 강아지
그림이 있어서 그 강아지에게 '왈'이라는 이름을 지어주면서
시작하게 됐고요. 감성적인 느낌을 주기 위한 것도 있었어요.
강아지가 뭔가 배달해준다는 게 귀엽잖아요.

**주인공이 사람이었으면 성별이나 나이 같은 요소 때문에 영향을
받을 수도 있을 텐데, 강아지는 그런 개입의 요소가 없어서 좋았어요.
오디오 클립을 들어보면 신기할 정도로 여러 가지 음식이 나오는데요.
레시피는 자체적으로 만드는 거죠? 음식을 계속 개발한다는 게 쉽지
않을 텐데요.**

   음식에 대한 기준은 아무래도 제가 음식에 관심이 많다
보니 저를 중심으로 콘텐츠 팀이 함께 만들어 가고 있어요.
저는 음식이 만들어지는 과정을 보는 걸 좋아하거든요. 음식
다큐멘터리도 많이 보고, 요리를 직접 하지는 않지만 요리
콘텐츠를 잡다하게 많이 읽는 편이고요.

**실제로 청취자에게 아침밥을 제공하는 '세상에서 가장 작은
식당'이라는 이벤트를 하고 있는데 어떤 의미로 시작하게 된 건가요.**

   여러 가지 의미가 있었는데 저희를 좋아해 주시는 분들에게
다양한 경험을 제공해 주고 싶었어요. 들으면서 실제로 먹을 수
있으면 그 경험이 훨씬 더 좋아지지 않을까 싶었거든요. 처음부터

본격적으로 하기는 어려워서 실험 삼아 5인분 정도로 시작하게 됐어요.

실제로 아침밥을 전해준다고 했을 때 아침밥을 어떻게 보관하고, 전달할지 궁금했는데 지하철역 보관함이더라고요. 왜 지하철역 보관함인가요. 전혀 생각하지 못한 공간이었어요.

찬찬히 고민했다기보다는 지하철 보관함에 대한 이미지가 먼저 떠올랐는데요. 보관함의 비밀번호가 오디오 클립을 다 들었을 때 알 수 있으면 재미있지 않을까, 보물찾기하는 것처럼 재미있지 않을까 싶었어요. 저희는 그런 사소한 재미를 좋아해서 다른 과정 없이 나름 귀여운 아이디어라고 생각했어요. 귀여움이 다 이깁니다. (웃음)

이벤트의 시발점은 한 셰프님이었는데요. 슬로비 스튜디오라는 곳에서 셰프로 일하시는 라라님이 저희 콘텐츠를 듣고 어떤 방식으로든 오프라인으로 작업이 있을 때 연락을 달라는 내용의 이메일을 보내주셨어요. 그래서 바로 만나서 아침밥을 전해주고 싶다는 생각을 말씀드리니 그 자리에서 같이 해보자 하게 된 거예요. 라라님이 저희에게 해 볼 만한 메뉴 리스트를 보내주셨고, 콘텐츠 기획을 같이 하고 일정 조율을 한 거죠.

사람들이 보관함을 열고 아침밥을 받았을 때 느낌이 어땠을까요.

실은 매번 한 명씩 돌아가며 뒤에 숨어서 염탐을 했거든요.

(웃음) 청취자분께서 거기까지 가서 보관함을 열어 본다는
건 굉장히 능동적인 거잖아요. 그런데 저희가 아침밥을 넣어
놓기도 전에 기다리고 있는 분들도 있으시더라고요, 아침 8시에.
출근하지 않는 날인데 오신 분도 있었어요.

아침밥이 그날 다 떨어지면 그다음은 어떻게 유지되나요.
　그 안에 엽서나 다른 걸 넣어놨어요. 음식을 한 번에 5인분밖에
못 넣어요. 아쉽죠.

**지하철 보관함에서 아침밥을 선물 받은 청취자가 "내 삶의 주인공이 된
느낌"이라는 평을 남겼더라고요.**
　친구분이 아침밥을 차려주고 싶은 친구를 태그하고 사연을
쓴 거예요. 친구가 신입사원인데 여러 가지 개인적으로 힘든
일도 있어서 왈이가 아침밥을 차려주면 좋겠다고 사연을
보내왔어요. 그분을 뽑아서 아침밥을 전달했는데 그런 코멘트를
남겨주셨더라고요. 저희가 직접 그분을 만나기도 했어요.

아침밥을 받은 청취자 분을요?
　네, 아침밥을 보관함에 넣다가 그분하고 마주쳐서 인터뷰를
하게 됐어요. 그 뒤에 신청했던 분에게 들었는데 친구가 그런
느낌은 오랜만이었다고 하면서 울었다고 하시더라고요. 오히려
저희가 감동을 받았어요.

청취자를 직접 만나게 된 거네요. 사연을 보내 준 청취자가 "출근길이 처음으로 설레고 행복했다"라고 적었던데 생각해보면 평상시에는 출근길이 설레지도 행복하지도 않았다는 거로 느껴지더라고요. '처음'이라는 표현 때문에 마음이 아프면서도 따뜻한 경험이었겠구나 싶었어요. '왈이의 아침식땅' 오디오 콘텐츠를 들으면서 참 따뜻한 콘텐츠라고 생각했었는데 청취자 평을 보니 '왈이의 아침식땅'이 어떤 콘텐츠인가를 더 잘 알 수 있게 되더라고요.

일의 끝에는 사람이 있다고 하잖아요. 저희는 콘텐츠를 청취하는 분들의 이야기를 비교적 가깝게 들을 수 있는 콘텐츠 스타트업이거든요. 일방적인 미디어와는 좀 달라요. 카카오톡 서비스도 하다 보니 개인적으로 톡을 보내주는 분도 있고요. 내가 하는 일이 누군가에게 가 닿고 있다는 걸 느낄 수 있어요. 그런 점이 정말 좋은 거 같아요.

'왈이의 아침식땅'을 들을 때마다 이번 내용이 제일 좋다는 생각을 하게 되는데, 물론 그런 생각이 회차마다 드는 게 문제지만요. (웃음) 그동안 올렸던 콘텐츠 중에 추천하고 싶은? 개인적으로 가장 좋았던 내용은 어떤 건가요.

제가 가장 좋아하는 건 '내 미래에 답 안 보일 때 그냥 공깃밥' 편이에요. 집으로 돌아가는 길에 막막한 기분이 들 때 듣곤 해요. "당장에라도 멈추면 죽는 아주 중요한 일이면서도 내가 내 마음대로 할 수 있는 일. 그 두 가지 특징 때문에 호흡은 지금과

나, 둘의 경계에 놓여 있다. 그래서 숨을 들이마시고 내쉬는 것이 '지금의 나'로 돌아오는 현명한 방법이 되는 게 아닐까", 이 내용을 들으면 절로 숨을 크게 들이마시고 내뱉게 돼요. 호흡은 생각을 단순하게 하는 힘이 있거든요. 메뉴를 '공기' 밥으로 정한 것도 중의적인 의미였어요.

'20's On The Street : 길 위의 청년들에게 업을 묻다'라는 길거리 인터뷰도 진행하고 있던데요. 인터뷰에서 나타나는 세대의 특성은 무엇이었나요. 개인적으로는 인터뷰를 읽으면서 전체적으로 불안함이라는 감정이 느껴지기도 했어요.

특히 20대의 일에 대한 이야기를 듣고 싶었어요. 불안함과 획일화된 답안지에 대한 답답함. 이 두 가지는 거의 매번 언급되는 부분이었어요. 그래서 두 번째 프로젝트는 'off the road'라고 해서 사회에서 말하는 정해진 길이 아닌 새로운 길을 걷는 사람들의 이야기를 조명하고 싶었어요. 일에 대한 다양한 정보를 정리해 두고 싶다는 생각을 했었죠.

현실적인 문제들로 인한 불안함도 있겠지만, 스스로에 대한 확신 같은 게 부족한 건 아닐까 하는 생각도 들었어요. 그게 또 불안함으로 나타나는 건 아닌지.

저도 그렇게 생각해요. 일이 불만족스럽다고 말하는 분은 많았지만, 일에 대한 생각을 정확하게 얘기하는 분은 많지

출근길 콘텐츠를 만드는   **김지언**

않았어요. 스스로 일에 대해 어떻게 생각해야 할지 잘 모르고 있는 게 아닐까 싶어요.

출근길 표정이 너무 어두운데 왜 그런지를 알아보고 싶다는 점에서 길거리 인터뷰의 출발점과 '왈이'의 출발점이 같다고 볼 수 있어요. 출근길 사람들이 일에 대해 무슨 생각을 하고 있을까. 어떤 일을 하고 있고, 또 어떤 일을 겪고 있기에 저런 표정으로 출근하게 되는 걸까. 그런데 얘기를 들어봐도 무엇이 있는지 잘 모르겠는 거예요. 그래서 무엇을 하면 만족감을 느낄지, 뭐가 바뀌면 만족감을 느낄 것 같은지, 그런 걸 묻기도 했는데 뚜렷한 답을 듣는 데에는 항상 실패했던 거 같아요. 답이 명료해진다면 그런 종류의 불안감이 많이 없어지겠죠.

본인이 생각하는 일은 무엇인가요.

이 일을 '왜 시작했는가'로 돌아가게 되는데요. 길거리 인터뷰를 할 때와 지금을 비교해 볼 때 일에 대한 생각이 좀 달라졌어요. 인터뷰를 시작할 때는 일에 대한 인식이 바뀌고, 회사도 바뀌고 조직문화들도 바뀌어야 한다는 생각을 많이 했거든요.

사람들이 힘들어하는 이유를 조직이나 시스템에서 오는 문제들로 인식한 거군요.

그때는 일에 대한 인식 자체가 부정적이었어요. 그래서 바뀌어야 한다는 생각을 많이 하고, 그런 문제의식에서 인터뷰를

그날 한 가지,
그날 내가 하는
일상적 선택에
관해

많이 했어요. 그 시점에 개인적으로 제가 명상 같은 걸 많이 해서 변화가 있었을 수도 있을 거 같은데 지금은 그런 걸 바꾸기 전에 나를 세우는 것, 내가 오늘을 어떻게 살지에 대한 선택을 내린다는 부분이 더 큰 영향을 주지 않을까 생각해요.

그때 제가 회사에 다니면서 굉장히 불만족스러웠거든요. 만약 그때, 일과 삶이 모두 연결되어 있다는 걸 알고 조금 다르게 생각해봤다면 좋지 않았을까……. 예전에는 사회에서 비롯된 문제들이 사람들을 힘들게 만드는 원인이라고 생각했기 때문에 그게 바뀌어야만 문제가 해결된다고 생각했어요. 예를 들어 노동시간이라든지 조직문화의 문제라든지. 물론 지금도 그런 문제들은 바뀌어야 하는 부분이라고 생각하지만 그게 전부가 아니라는 생각이 들어요.

외부 문제들도 있지만, 그보다 먼저 일에 대한 본인의 생각을 세워야 한다는 거군요.

네, 그래서 저희는 '나는, 오늘, 어떻게, 지금, 뭐 하나라도 다르게' 생각해보는 걸 얘기해요. <u>그날 한 가지, 그날 내가 하는 일상의 선택에 관해 얘기해 보고 싶은 거예요.</u> 그게 또 일과 직결되는 문제라고 생각하거든요.

인터뷰 때 저희가 물어봤던 질문 중 하나가 최근에 세상이 뭐라고 말하든 간에 구애받지 않고 본인이 오롯이 선택해서 한 게 뭐가 있는지였어요. 그런데 그 질문에 바로 답을 한 사람이 몇 명

없었어요. 그 경험 하나 있느냐 없느냐가 그 사람에 대해 많은 걸 말해줬던 거 같아요.

주체성과 관련이 있는 건가요.

네, 확실히 주체성과 관련이 있는 부분인 거 같아요.

또 한편으로는 선택과 시도를 말하는 것 같기도 하네요. 뭔가 시도해 본 경험이 있어야 결과도 있는 거니까요. 결과가 실패든 성공이든 시도가 있어야 그다음에 나아갈 길이 있는 거 잖아요.

실제로 마주하게 되면 하게 되는 것들이 있잖아요, 하다 보면 하게 되는 것들. 생각만 하다 보면 '그런 걸 어떻게 해'라고 생각할 수도 있는데, 저도 제가 이 나이에 법인을 설립하게 될 줄 몰랐거든요. (웃음) 뭐든지 실제로 일어나는 일이 문제가 아니라 <u>저항이 문제인 거 같아요, 마음의 저항. 그 시간은 짧으면 짧을수록 좋은 거 같아요.</u>

마음의 저항······. 와 닿는 표현이네요. 현실적인 어려움도 있겠지만 그런 저항이 사람들을 머뭇거리게 하고 실행을 못 하게 만드는 가장 큰 요인이기도 하겠죠.

현실은 항상 저희가 얘기하는 현실보다 친절하다고 하잖아요. 그 말에 저는 전적으로 동의해요. 불안감이 예전보다 많이 줄어들긴 했지만, 조바심은 여전하거든요. 그럴 때마다 스스로 이게 진실인가 물어보는 데 실제 그게 진실이 아니라 제가 만들어 낸 가상현실 속에서 허우적대는 경우가 많더라고요.

세상이 만들어 놓은 두려움도 있지만, 스스로 만들어 놓는 두려움도 있겠네요.

불안에 대해 생각해 본 적이 있는데요. 지금은 왜 불안이 많이 줄었는지에 대해서요. 대학 때까지만 해도 제가 할 수 있는 최선이 아니라 적당히 하려는 것들이 있었어요. 그런데 그럴 때가 더 불안했고, 오히려 지금은 '내가 할 수 있는 것은 최대한 한다'고 생각되기 때문에 불안감은 줄어든 것 같아요.

스타트업을 한다는 게 쉬운 결정은 아니었을 거 같아요. 어떻게 시작하게 된 건가요.

잠깐 기성언론에서 일한 적이 있었는데요. 그 경험을 통해서 내가 사실 언론인이 되고 싶은 게 아니라는 걸 깨달았어요. 언론인이 되고 싶다고 생각했던 데에는 여러 가지 다른 이유가 있었다는 걸 알게 된 거죠. 돈이나 명예 같은 거요. 짧게나마 경험을 해보니 허울을 원했던 거지 본질이 아니라는 걸 깨달았어요.

본질은 무엇이었나요.

메시지를 사회에 보내는 일이요. 그 일을 하고 싶은데 기성

언론이 아니라면 뭐가 있을까 찾다가 콘텐츠 스타트업에 들어가게 됐어요. 그 스타트업은 정면승부를 하고 있다고 생각했거든요. 기성 언론보다는 최종 목적지인 사람이 더 잘 보이는 곳이어서 좋았어요.

누구를 위해 이것을 만들고 있는지 좀 더 가깝게 보고 싶었거든요. 그런데 거기서도 일을 하다 보니까 또 다른 면이 보였어요. 소비자를 직접 만났을 때 내가 생각하는 방식으로 콘텐츠가 전달되고 있는가, 내가 원하는 콘텐츠를 만들고 있는가에 대한 회의감이 들었어요. 내가 원하는 콘텐츠도 아니고, 내가 좋아하는 콘텐츠도 아닌 상사가 원하는 콘텐츠를 만들고 있다는 생각이 들었어요. 물론 제가 여러 가지 부족한 면이 많아서 그렇게 느꼈는지도 모르겠지만, 그때는 저에게 심각한 문제였거든요.

근무하던 회사가 엑셀레이터 건물에 있어서 스타트업 공모전을 자주 보게 됐거든요. 그때는 하고 싶은 일이 무엇인지 구체적으로 알지는 못했지만 제 옆에 저랑 비슷한 고민을 하고 있었던 언니와 이런저런 얘기를 나누다가 스타트업을 해보자는 생각을 하게 됐어요.

바로 '왈이의 아침식땅'을 시작하게 된 건가요?

그때도 문장을 전달해주는 '왈'을 하고 있었거든요. 사이드 프로젝트로 했던 게 회사 생활을 버티게 해 준 버팀목이 되었고,

그로 인해 다음 기회가 생겼던 거죠. 사실 그때 했던 기획이 바로 시작하기에는 부족한 점이 많았지만 그래도 뭔가를 만들어보고 싶다는 생각이 들었어요.

문장을 전달해주는 프로젝트도 '왈'이네요. 그 '왈'이 기회가 되어준 거군요.

 '왈'이란 게 별 게 아니고 카카오톡 플러스 친구를 만들어서 매일 문장을 전달하는 일이었는데 계속해나가다 보니까 점점 사람들이 관심 있어 하기 시작했어요. 캐릭터 게임 같은 거 하면 캐릭터가 걸어가면서 앞이 조금씩 밝아지는 느낌 있잖아요. 꾸준히 하다 보니 일이 더 커졌고, 공모전에 당선된 걸 계기로 본격적으로 시작하게 된 거죠. <u>아이디어 같은 게 중요한 게 아니라 하느냐 마느냐의 차이였다는 생각이 들어요.</u>

시작하는 과정에서 가장 어려웠던 점은 무엇이었나요.

 부모님을 설득하는 과정이요. 퇴사를 먼저 하고 나중에 말씀드렸거든요. 지금도 무슨 일을 하는지 잘 모르세요. 안정성에 대해서는 생각이 별로 없었던 게 워낙 대책이 없는 스타일이라서……. 부모님께서는 '예전 배도 불안해 보였지만 그때는 선장이 아니라 갑판원이었는데, 이번에는 선장이 되는구나'라고, 똑같이 걱정된다고 얘기하셨어요.

출근길 콘텐츠를 만드는   김지언

조타수를 안 거치고 바로 선장으로. (웃음)

저는 개인적으로 어떤 게 나를 만족하게 하는지에 대해서만 고민했던 거 같아요. 그렇게 고민하다 보면 안정성이라는 게 오히려 낯선 개념이 되더라고요. 나는 무엇을 할 때 만족을 하는가, 그게 훨씬 중요했는데 다른 사람이 봤을 때는 안정성이 없는 방향일 수 있는 거죠.

이 일을 한다고 했을 때 가족 외에 주변 반응은 어땠나요.

주변에서는 창업이란 걸 생각해 본 사람들이 없었던지라 신기하다는 반응이었어요.

'내 주변에도 창업하는 사람이 있다니!' 이런 분위기였나요. (웃음)

네, '내 주변에서는 평생 한 번도 일어나지 않을 일일 줄 알았는데'라는 거였어요. 부정적으로 얘기한 사람은 없었고 재미있겠다는 반응도 있었어요. 제가 다니던 회사의 공동 창업자분도 창업에는 준비란 게 있을 수 없는 일인 것 같다고, 시작할 때가 특별히 있는 것 같지 않다고 얘기해 주셨어요.

앞에 불안감은 줄어들었지만, 조바심은 여전하다고 했는데요. 조바심이라는 건 회사를 운영하는 것, 사업과 관련된 건가요?

우리가 더 치열하게 고민했다면 몇 달 뒤 직원들 월급 걱정은 안 해도 될 텐데……. 계약이 끝나면 우리 사무실은 어떡하지,

길거리 생활은 춥고 배고프다던데……. 이런 것들입니다. (웃음)

저희는 비전만 마음에 품고, 쓸데없이 용기는 있어서 '어떻게든 이 일을 말이 되도록 만들어보자!' 했던 거예요. 시간이 지나 부딪히고 깎이면서 비즈니스에 대해서는 너무 몰랐다는 걸 깨닫고 있어요.

하고 싶은 일을 하기 위해서는 결국 시장 가치를 창출하고 지속 가능한 수익 구조를 만들어내야 하니까 좀 더 소비자를 들여다보면서 촘촘하게 그림을 그리고 있어요. 너무 늦었다는 생각을 할 때도 있지만, 또 지금이 가장 빠를 때라고 되뇌면서요.

스타트업을 운영하면서 가장 어려운 점은 무엇인가요. 역시 수익이나 투자에 관한 부분일까요.

그 부분도 물론 어렵지만 가장 어려운 점은 사람인 것 같아요. 오해도 생기고, 갈등도 생기고, 뭐 하나 괜찮아지면 다른 문제가 생기고. 전부 처음 겪는 일이라……. 사람 공부를 통해서 저 자신에 대해서도 많이 생각하게 되고, 사람들을 대하는 태도와 자세를 배우고 있어요.

그리고 스트레스를 다루기가 쉽지 않은 것 같아요. 명상도 하고 그러지만 그래도 여전히 고전하고 있는 지점이죠. 작은 조직이다 보니 누구 한 명이라도 스트레스를 받으면 금방 전염이 돼요.

지금까지의 과정이나 성과에 대해 자체적으로 평가하기에 아쉬운 점이

있다면 무엇인가요.

아쉬운 점은 많죠. 처음부터 비즈니스에 대해서 좀 더 기민하게 생각하지 못했던 점이 가장 아쉬워요. 기존의 수익모델 말고 다양한 수익모델을 구상해보면서 빠르게 시도해볼 걸 하는…….

앞에 급여나 사무실 문제, 수익 구조 등에 대해서 걱정했는데, 누군가 스타트업을 하겠다고 하면 어떤 이야기를 해주고 싶은가요.

특히 미디어 스타트업 창업을 꿈꾸고 계신 분들께 이 부분을 꼭 말씀드리고 싶어요. 분명 그리는 어떤 비전이 있을 것이고 저널리즘, 콘텐츠에 대해 고민을 많이 하실 텐데, 그만큼 아니, 가능하다면 그 이상 비즈니스에 대해서 일찍 고민해보셨으면 해요. 사람들을 많이 만나고, 하고 싶은 것들을 이야기하면서 함께 고민해보시라고 얘기하고 싶어요.

어떤 사람을 어느 시기에 뽑느냐도 아주 중요한 문제인 것 같아요. 여러 명과 함께하면서 점점 사람이 정말로 중요하다고 느껴요. 팀의 DNA가 휙휙 바뀌는 것이니까요. 시작 단계라면 더더욱 신중할 필요가 있는 것 같아요.

이 일을 하기 전과 후, 가장 많이 달라진 점은 무엇일까요.

이전에 하루 치 경험이 10이었다면, 창업 후 하루 치 경험은 30쯤 되더라고요. 경험이 많아지니까 생각도 세 배 많아지고, 감정도 세 배 많아지는 거예요. 내가 제대로 줏대를 세우지 않으면

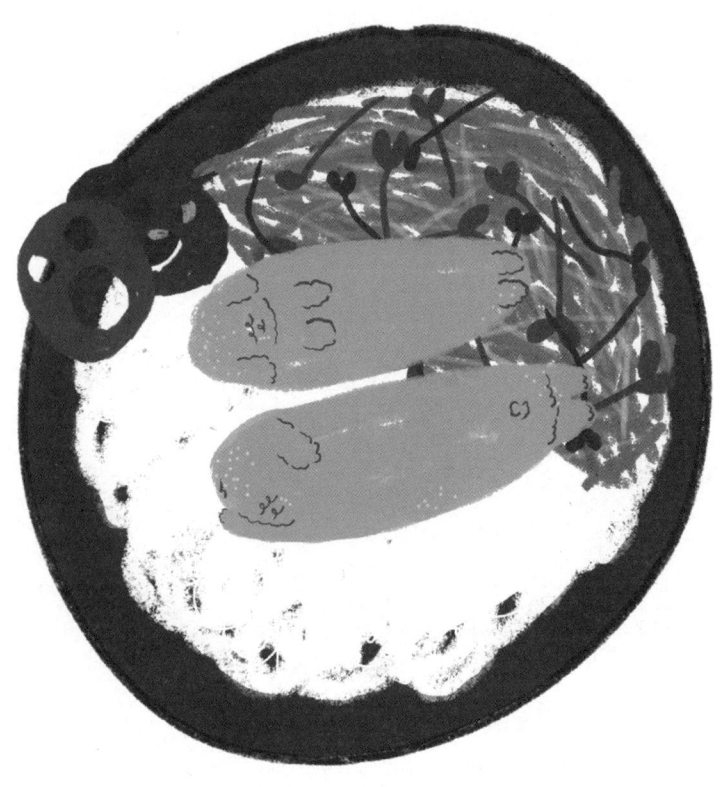

| 출근길 콘텐츠를 만드는 | 김지언 |

완전히 휩쓸릴지도 모른다는 위기의식이 들면서 마음공부를 좀 더 하게 된 게 제일 커요. (웃음) 창업을 해서 바뀐 것도 있지만, 명상으로 인해 바뀐 것도 많아요. (웃음)

앞에서 잠깐 얘기했던 바로 그 명상이군요. (웃음)

예전에는 그럴만한 일이 따로 있는 줄 알았거든요. 상황이 이러면 이 사람은 화를 내야 하고, 또 상황이 이러면 우울하고 비참해야 하고, 또 다른 상황에서는 기쁘고 행복해야 하고. 그런 단순한 생각을 의심하지 않았던 거 같아요. 명상에서는 자극과 반응 사이의 공간이라고 설명하는데. (웃음) 내가 어떤 상황에 대해 어떤 감정을 느끼는 데에는 책임이 있고 그 사람이 받아들이는 데에는 선택권이 있는 거예요. 똑같은 일에 대해서 내가 어떻게 생각하는가에 따라 달라질 수 있다는 거죠. 똑같이 화가 나는 상황에서도 그냥 화를 내는 것과 내가 화내고 있다는 것을 알아차리고 화를 내는 것과는 다르더라고요. 예전보다 좀 더 제가 통제할 수 있는 것과 없는 것을 구분할 수 있게 된 것 같아요. 주권 회복이랄까요. (웃음) 마음을 공부하면서 많은 게 달라졌다고 느꼈어요. 이걸 어떻게 객관화할지는 모르겠지만.

어떤 일을 선택했다는 것은 그 일을 통해 이야기하고자 하는 바가 있다고 생각되는데요. '왈이의 아침식땅'이 어떤 의미가 되었으면 하나요?

출근길에 숨구멍 같은 느낌이 되어주고 싶어요. 일상에서 기다림을 줄 만한 게 사실 별로 없잖아요.

숨구멍이란 단어는 정말 오랜만에 듣는 거 같네요. (웃음) '왈이의 아침식땅'의 앞으로의 계획은 무엇인가요.

저희는 2432의 일하는 여성을 돕고 싶어요. 그 방법으로 저희는 의식주 중에 '식'을 골랐어요. 먹는 건 현대인에게 적극적인 '쉼'의 행위라고 생각하거든요. 지금은 음식과 사연을 함께 엮은 오디오 콘텐츠로 쉼을 제공하고 있고, 앞으로는 이걸 실제 경험으로 이어가려고 계획하고 있어요. '왈스러운 먹을거리'를 만들어보려 하거든요. 건강한 먹거리에 새로운 형태의 푸드 스토리텔링을 얹어서 몸과 마음을 함께 챙길 수 있도록 돕고 싶어요.

2432 일하는 여성들에게 '왈'스러운 아침을 제안하면서 지금, 여기에서 사소한 행복을 놓치지 않도록 힘을 불어넣고 싶어요. 그게 저희가 잘할 수 있는 일이니까요.

더불어 개인적인 계획까지 듣고 싶네요. 또 하나 막연한 질문이지만 어떤 삶을 살고 싶은가요.

개인적으로는 삶의 강약이 있어야 한다고 생각해요. 일에서든, 인간관계에서든 뭐든지 다 잘하고 모든 것에 최선을 다할 수 있다고 생각하지는 않아요. 강약을 조절하는 삶을 실천하며 살고 싶어요.

출근길 콘텐츠를 만드는   김지언

시간은 한정되어 있잖아요. 지금은 일이 시간의 9할 정도를 차지하고 있거든요. 그래서 1할이 굉장히 중요한데 너무 아무렇게나 쓰고 있다는 생각이 들어요. 그러다 보니 삶이 1밖에 없는 거 같은 기분이 들더라고요. 그 시간을 지금보다 훨씬 더 잘 쓰고 싶다는 생각이에요. 제 핸드폰 메인에 적어 놓은 게 '의식하지 못한 채로 핸드폰 그만하기'거든요. (웃음) 최근에 운동을 시작했는데 너무 재밌어요.

그리고 많은 걸 보고 싶어요. 한곳에 있고 싶진 않고 많은 곳에서 살아보고 싶어요. 살아보고 싶은 나라가 많거든요, 에콰도르나 볼리비아나. 다양한 삶을 살아보고 싶어요. (웃음)

막연하지만 새롭네요. (웃음) 기분 좋은 바람입니다. 앞으로도 '왈이의 아침식땅'이 출근길 사람들에게 숨구멍이 되어주기를 기대합니다.

로컬숍을 연구하는 조퇴계
로컬숍 연구 잡지 '브로드컬리' 발행인

하시는 일과 자기소개 부탁합니다.

로컬숍을 연구하는 잡지 '브로드컬리'를 만들고 있습니다. 이렇게만 얘기하면 너무 짧은데 처음 책을 만들겠다고 결심했을 때 생각했던 목표가 있었거든요. 그런데 일을 실제 진행해보니 '로컬숍을 연구해서 정보를 전달한다' 이외의 부가적인 설명은 좀 형식적이라는 생각이 들어서 없앴어요.

인터뷰 제안에 대해 많은 고민이 담긴 답변을 하셨어요. (웃음)

활자 매체에 나와서 얘기를 할 만한 상태인가에 대한 고민이 많았어요.

저도 답변을 받고 만약 내가 이런 제안을 받았다면 선뜻 응했을까 생각해보니 나중이라면 모르겠지만, 지금은 별로 할 말이 없지 않을까 하는 생각이 들더라고요. 그래서 혹 그런 마음이 아닐까 생각했었어요.

그렇죠. 딱 그 생각을 했어요. 제가 한 일도 많지 않고, 하는 일에 대해서도 파악이 잘 안 되는 수준이라고 생각하기 때문에 어딘가에서 인터뷰를 하자고 하면 망설여지더라고요. 저 역시 인터뷰를 하는 사람이지만. (웃음)

제가 인터뷰를 하니까 오히려 인터뷰에 대해 더 심각하게 생각하는 것 같아요. 인터뷰란 무엇인가, 독자에게 무엇을 전달해야 하는가, 인터뷰를 통해서 뭘 전달할 수 있을까, 매체에 폐가 되지는 않을까, 이런 생각을 하다 보니 숨을 때가 많았는데 지금은 생각이 조금씩 바뀌고 있어요.

창간한 지 2년 좀 넘었지만 3년 된다고 준비가 되는 것도 아닐 테고, 5년 됐다고 해서 '나는 이제 인터뷰를 할 수 있어'라는 상태가 되는 것도 아니잖아요. 부족하지만 관심을 두는 매체가 있을 때 감사한 마음으로 해야지, 아직 준비가 안 됐기 때문에 못한다는 게 오히려 자만일 수도 있겠다는 생각을 거꾸로 하게 된 거 같아요.

'브로드컬리'는 저도 아껴보는 잡지인데요. 로컬숍 연구 잡지를 표방하고 있는데, 로컬숍이라는 건 지역을 기반으로 한 현지 가게를 말하는 건가요.

네, 오프라인 공간을 운영하고 있는 가게를 말합니다.

1호부터 3호까지는 3년 이하 빵집과 서점에 주목하고 있고, 4호는 3년 이하이면서 제주라는 지역 특성을 얘기하고 있습니다. 책을 읽다 보면 선택과 시도, 과정을 겪는 삶의 방식에 대한 인터뷰로 읽히더라고요. 여러 가지 삶의 방식을 치열하게 보여준다는 느낌이었어요.

맞아요. 삶의 방식. 삶을 살아가는 태도, 선택, 그리고 선택을 증명해 가는 과정에 매력을 느끼기 때문에 제가 그 가게들을 좋아하게 되는 거 같아요.

일부 잘되는 가게들을 제외하고는 공간을 운영한다는 게 정말 힘든 일이잖아요. 저는 그런 공간에 가서 5천 원만 내면 커피를 마실 수 있다는 게 무척 고마운 일이라고 생각하거든요. 그 사람들의 삶의 방식에 대한 응원이라고 하면 너무 일차원적이고, 사람들이 로컬숍에 관심을 가질 수 있도록 그런 가게들을 조명해보자. 그래서 더 많은 사람이 로컬숍을 찾아주면 좋겠다. 단순히 '작은 가게는 소중하다'가 아니라 그 가게가 얼마나 고맙고 소중한 공간인지 자세하게 알면 좋겠다고 생각했어요. 그렇게 인터뷰를 하다 보면 자연스럽게 삶의 태도가 묻어날 수밖에 없는 거 같아요.

가게를 운영하는 사람들의 삶을 그대로 보여주고 얘기해주는 게 사람들에게 새롭게 느껴질 수 있겠다는 생각이 들었어요. 인터뷰이들의 모습을 보면서 단순히 판매자와 소비자로 자리하는 게 아니라 사람 대 사람으로 만나게 되지 않을까 하는 기대감도 생기고요.

한 잔의 커피를 마실 때, 커피는 단순히 물리적인 상품이기도 하지만 시간이 축적된 결과물이기도 하잖아요. 커피숍이 생기고 나서 지금에 이르기까지 모든 시간이 축적된 결과물로서 커피를 마시게 되는 거죠. 이 점이 개인이 운영하는 가게와 큰 기업에서 운영하는 가게의 차이점이기도 하고요.

물론 오랜 시간 한 곳에 머물고 싶을 때나 여러 명이 시끌벅적하게 얘기를 나눠야 할 때는 프랜차이즈 커피숍이 편리하지요. 그런데 우리나라의 여러 사정상 작은 가게들이 운영에 어려움을 겪고 있고, 실제로 문을 닫는 곳이 많아지다 보니 제게는 그런 가게들이 좀 더 귀하게 느껴지거든요. 둘 다 가지면 좋은데 편리한 쪽으로만 선택지가 제한되면 소비자로서도 아쉬운 일이죠.

저자가 내용을 소화해서 내놓는 경우도 있지만 '브로드컬리'처럼 인터뷰를 있는 그대로 보여주는 경우에는 인터뷰이의 목소리를 더 잘 보여주는 효과가 있다고 생각되는데요. 방법적으로 인터뷰를 선택한 특별한 이유가 있나요.

가게라는 공간들이 가게를 운영하는 주체, 개인에 따라서 달라진다고 생각하거든요. 사실 그 가게가 가지고 있는 가장 큰 자원은 운영자인 사람이잖아요. 한 사람 한 사람을 주목하고, 그 사람과 가게의 가치를 전달할 때는 인터뷰가 좋은 방법인 거 같아요.

"적나라하진 않았지만 적어도 정직하기에 의미 있다"라는 독자의 평을 본 적이 있어요. 제가 보기에는 적나라하던데요. (웃음) 질문이 남다르다는 생각을 했어요.

어느 서점 운영자께서 『서울의 3년 이하 서점들: 솔직히 책이 정말 팔릴 거라 생각했나?』를 읽고 너무 긍정적으로 편집한 거 아니냐고 한 독자도 있었고, 너무 부정적인 거 아니냐고 평가한 독자도 있었다고 말씀해 주셨거든요. 서점 운영자 입장에서도 그렇게 독자에 따라서 다르게 받아들여지는 측면, 평이 갈리는 게 좋았다고 하시더라고요.

'브로드컬리'의 인터뷰가 기존 인터뷰들과는 달리 현실적이라는 느낌도 강하고, 질문이나 답변이 조금 예민하다는 느낌이 들기도 하는데요. 혹시 의도한 부분이 있나요.

그렇지는 않고요. 운영하는 사람의 노력에 대해서 명과 암을 다 알고 있으면 더 깊은 애정을 가질 수 있다고 생각을 했거든요.

제가 증권사에서 일했었는데, 그 일을 하기 위해 준비했던 기간이 길었어요. 그러다 보니 어떤 사업이든지 자연스럽게 장단점을 모두 살펴보게 돼요. 회사를 분석할 때도 그 사업의 장단점을 분석하고 모두 파악한 뒤라야 장기적인 투자가 가능한 거라고 배웠거든요. 가게 역시 잘하고 있는 점도 좋지만, 한편으로는 운영하면서 뭐가 힘들고 뭐가 어려운지를 같이 알아야 더 애정을 가질 수 있다고 생각해서 그걸 담으려고 했어요.

예민하다는 부분은 무례하다고 표현할 수도 있는 질문들이 많고 부정적인 내용이 많이 실려 있기 때문인 것 같아요. 그럼에도 그런 정보에 긍정적인 영향을 받는 독자들이 많이 있다고 믿고 있기 때문에 4호에서도 편집 방향성을 일관되게 유지했던 거 같아요.

한 인터뷰에서 '밝은 부분을 강조하는 것도 하나의 방법'이라고 하셨더라고요.

네, 맞아요. 잡지든 TV든 어디서나 좋은 부분만을 보여주는 데 처음에는 '왜 저렇게만 보여줄까 안 좋은 부분도 같이 보여주면 더 좋을 텐데'라고 생각했거든요. 그런데 제가 실제로 콘텐츠를 만드는 입장이 되어 보니까 그렇게 만드는 이유가 있겠더라고요. 너무 부정적이면 사람들이 안 읽게 되는 거 같기도 하고, 어려워하는 부분도 있는 거 같고요.

그럼 앞으로는 긍정적으로 바뀌게 되나요?

아니요. (웃음) 부정적으로 하되 재미있게 읽을 수 있도록 방법을 더 치열하게 고민해야겠죠. 많은 콘텐츠 속에서 저희가 그나마 읽히는 이유도 그런 양면을 다루기 때문인 거 같고, 그 부분은 버릴 수 없는 거 같아요. 애초에 시작 자체가 그 부분을 염두에 두고 시작한 콘텐츠이기도 하고요.

내용은 조금씩 더 쉬워지고 있다고 생각하거든요. 다루는 내용 자체가 쉬워진다기보다는 같은 내용이더라도 사람들에게 잘 전달될 수 있도록, 좀 더 읽기 편한 방식으로 편집하려고 노력하고 있어요.

'브로드컬리'의 책들은 3년 이하를 다루잖아요. 빵집도 그렇고, 서점도 그렇고. 왜 3년 이하였는지가 궁금했어요. 저는 '브로드컬리'의 책을 선택, 시도, 과정과 관련된 것으로 읽었기 때문에 젊은 시도에 집중하는 게 아닌가 하고 생각했어요.

그렇게 생각하셔도 크게 틀리지 않고요. 지금은 3년 이하를 대상으로 하고 있지만 3년 이하만 할 거는 아니거든요. 30년 이상도 할 수 있는 거고요. 현재 시점에서 3년 이하의 가게들을 계속 취재하는 이유는 오랫동안 자리를 잘 잡고 운영하는 가게의 경우에는 결과론적인 이야기가 나오기 쉽기 때문이에요.

30년 전에 빵집을 시작한 거랑 지금과는 환경이 많이 다르잖아요. 서점도 그렇고요. 예를 들어 30년 이상 된 서점 운영자분이 지금 서점을 새로 시작한다고 했을 때 잘 될 수 있을지는 의문이거든요. 환경이 너무 달라졌으니까.

그리고 저희 책을 읽는 독자 중에는 언젠가 로컬숍을 열어보고 싶다는 생각을 하는 분들도 많다고 생각해요. 저도 그랬고요. 로컬숍에 관심을 두다 보면 자연스럽게 나도 언젠가는 해볼 수 있지 않을까 하는 상상을 해보게 되는데 그런 부분에 대한 메시지가 필요하다고 생각하거든요.

3년 이하로 한정 짓는 또 다른 이유는 3년 정도라고 하면 새로운 시도가 증명되는 과정이라고 생각해요. 시도 자체도 물론 중요하지만 저는 시도보다 시도를 증명해 나가는 과정이 중요하다고 생각하거든요.

많은 매체에서 시도가 결과로 잘 연결된 이후 그 결과에만 주목하기 때문에 로컬숍을 운영하는 삶의 방식이 굉장히 좋은 것처럼 소비되잖아요. 예를 들어서 안정적인 직장을 버리고 작은 행복을 찾아 가게를 운영한다는 식으로, 사실은 그렇지 않은 경우가 많은데. 그런 현실적인 부분들을 보여주고 싶었던 것 같아요.

예를 들어 서점을 연다는 선택을 했다면 그 선택으로 인해서 자신에게 발생하는 여러 가지 어려움을 감당하는 과정이 3년 이내에 압축되어 있다고 생각하거든요. 그런 과정을 독자들에게 전달했을 때 독자들이 더 지지하는 마음으로 소비할 수 있지 않을까 생각했어요.

1호가 16년 2월에 나왔으니 '브로드컬리'도 벌써 3년이 됐네요.

그렇죠. 저희가 얼마나 처절하게 책을 만드는지 아시는 분들은 아실 텐데, 그래서 좀 부족해도 애정을 가지고 봐주시는 게 아닐까 싶어요. 처절하죠. 아시잖아요. (웃음)

얘기를 듣다 보니 '브로드컬리'의 책들이 기업 분석과 다르지 않다는 생각이 듭니다. 로컬숍에 관심과 애정을 갖게 되다 보니 분석 대상이 로컬숍이 된 거고, 그 형태가 책으로 나오게 된 거라고 정리가 되네요.

네, 증권사에는 기업을 분석하고 보고서 쓰는 일을 하는 리서치 센터가 있거든요. 처음에 제가 그 일이 매력적이라고 생각했던 이유는 괜찮은 사업을 하는 작은 회사가 잘 알려지지 않아서 저평가되어 있으면 사업자금을 조달할 때 불리한 상황이 생길 수도 있거든요. 그런 회사라도 리서치 센터의 애널리스트가 주목을 해주면 적정한 평가를 받을 수 있겠다 생각했어요.

그때 저는 대학생이었고 순수한 마음으로 정말 멋진 일이다. 좋은 사업을 하는 기업들이 그 사업을 더 잘 꾸려나갈 수 있도록 그 사업에 대해 열심히 분석해서 사람들에게 알리는 일을 하자. 열심히 일하는 사람들이 돈을 잘 벌어야 나도 좋다는 생각을 했어요.

저평가된 회사들이 제대로 된 평가를 받아야 한다는 거죠.

그렇죠. 좋은 제품을 만드는 사람들이 돈을 잘 벌어야지, 안 좋은 제품을 만들면서 이런저런 수를 쓰는 회사가 커지면 소비자 입장에서도 불리하잖아요. 좋은 사업을 하는 사람들이 유리한 상황이 될 수 있게끔 돕는 일은 나나 가족들뿐만 아니라, 주변 사람들에게도 좋은 일이라고 생각했어요.

상호 이익에 관한 거네요.

네, 저의 지적 허영도 충족하면서 돈도 벌 수 있고 보람까지 느낄 수 있으니까요. 돈 버는 걸 무시하는 건 아니지만, 단순히 돈만 버는 거면 만족이 덜 할 수 있는데 돈도 벌면서 보람까지 있다면 얼마나 좋을까 싶었어요. 그렇게 일을 하다가 로컬숍도 저평가된 회사들과 같은 상황이라는 생각을 하게 됐죠.

열심히 빵을 만드는 분, 좋은 책을 골라서 파는 분, 여행지에서 우리에게 영감을 주는 공간을 운영하는 분들이 실제로 시장에서 받아야 할 대우보다 낮은 평가를 받고 있다면 그 부분을 좀 조정할 수 있는 일종의 보고서라는 개념으로 책을 만들게 된 거죠.

선택이라고 표현을 한다면 기업을 분석하는 일과 가게를 분석하는 일이 대상은 다르지만 일을 하고자 하는 동기는 같아요.

방법적으로는 어떤가요. 기업 분석과 가게 분석의 방법에 차이가 있나요.

방법은 제가 할 수 있는 선에서는 거의 비슷하다고 생각해요. 회사를 분석할 때도 매출이 나는 분야, 성장 가능성, 그리고 어떤 경쟁자들과 경쟁을 하고 있고, 어느 정도의 수익이 나는지를 다루니까요.

증권사를 그만두고 나오게 된 건 지금의 일이 더 마음에 들어서인가요.

출판을 통한 보고서 판매를 제가 생각했던 이상과 가깝다고 생각했던 거 같아요. 그렇다고 해서 경제적인 부분을 포기했다는 건 절대 아니고요. 열심히 보고서를 만들면 먹고사는 건 해결할 수 있을 거로 생각했어요. 그러고 보니 그런 꿈을 가지고 있었네요. (웃음)

4호가 나오면서 기존 책들도 리뉴얼 과정을 거쳐 새롭게 나왔는데요. 리뉴얼 전과 후 모두 잡지라고 봐도 되는 거죠? 리뉴얼 후에는 단행본 판형을 취하고 있어서요.

네, 같은 주제로 계속 책이 나오기 때문에 저도 잡지라고 생각해요. 하지만 잡지라는 키워드 자체가 그렇게 중요하지는 않아요.

출판을 하겠다고 했을 때 주변 반응은 어땠나요.

반기는 사람이 많지는 않았죠, 특히 회사 선배들. 그때 당시에는 출판을 하겠다고 나온 건 아니었어요. 좋아하는 카페나 가게들이 사라지는 게 너무 아쉬운데 그런 가게들을 위한 일을 하기 위해 나간다고 했더니 우습다고 생각들을 했죠. 다들 못 들어와서 안달인 회사를, 특히 제가 일하던 부서는 지원자들이 많거든요. 저 자신도 백 퍼센트 확신을 가지고 있지는 않았어요. 목표로 했던 직장에서 원하는 일을 하고 있었고, 그곳에 들어가기까지 오랜 시간 노력했었으니까요. 한편으로는 이래도 되는 걸까 생각하기도 했죠.

시작할 때 확신까지는 아니더라도 어느 정도 기대감은 있었지요?

기대도 있었고 우려도 있었어요. 나올 때 주변에서 하는 걱정을 저도 똑같이 했어요. 지금 당장 어떤 조직에서 아쉬워 보이는 부분들이 사실은 조금 지나고 보면 어쩔 수 없는 부분이기도 하고 그 일을 하기 위해 감당해야 하는 부분이기도 하잖아요. 대학을 막 졸업하고 세상 물정도 모르는 상태에서 그만두는 건 너무 섣부른 판단일 수 있다는 얘기를 많이 들었고요. 거기에 제가

Interview: Seo
aged 3 years an

서울의 3년 이하 매장을 이야기하기?

9 791195 720903
ISBN 979-11-957209-0-3 | KRW 15,000
Local shops research & archiving | Issue 01

bread shops
our

수긍한 부분도 있었어요. 그럼에도 제가 굳이 회사를 나온 건 이쪽도 어느 정도 가능성이 있다는 희망을 품었기 때문이죠.

회사 일이 정말 좋았지만, 한편으로는 무척 힘들기도 했거든요. 이 정도로 열심히 할 거 같으면 어떤 도전을 해도 할 수 있겠다는 생각을 했어요. 얼마 전까지만 해도 계속 불안했던 거 같아요. 리뉴얼해서 책이 유통되기 전까지만 해도 다시 회사에 갈 수 있을까 하는 상상도 해보고 그랬어요.

지금은 불안함이 좀 줄었나요.

지금은 그나마 많이 줄었어요. 다행히 출고기준으로 봤을 때 2년 동안 초판본 3권을 출고했던 물량이랑 리뉴얼하고 2주 동안 출고한 물량이 똑같았어요.

이건 제가 잘해서라기보다는 주로 거래했던 작은 서점들이 안정적으로 자리를 잡아가기 때문인 것 같아요. 4호를 만드는 데 1년이 걸렸거든요. 그 사이에 2, 3호에서 취재했던 서점들이 성장해서 이제는 제 책을 팔아주는 거예요. 그 모습을 보면서 내가 잡은 방향이 잘못된 건 아닐 수 있겠다는 생각을 처음으로 하게 된 거 같아요.

4호를 기다리면서도 일 년이 됐는지는 몰랐네요. 4호를 만들면서 지난 호의 리뉴얼도 하다 보니 시간이 더 들어가게 된 건가요.

리뉴얼 작업만 두세 달 이상 소요된 거 같아요.

예전 판형에 대해 한 책방 운영자께서 작은 이야기를 크게 만들어 주는 느낌이라고 한 적이 있어요. 그전에는 아날로그 감성이었다면 리뉴얼된 판형은 좀 더 세련된 느낌이에요. 이번에 리뉴얼을 하게 된 가장 큰 이유는 뭔가요.

일단은 판형과 표지의 견고함이라고 해야 하나 표지가 너무 약하고 책으로서 물성의 관점에서 봤을 때 완성도가 떨어진다는 피드백을 받으면서 하게 됐어요. 좀 더 완성도 있는 물성을 독자에게 제공해야겠다는 생각에 무리를 했죠. 그것 때문에 정말 힘들었어요. 하면 안 되는 일이라는 조언도 들었고, 지나간 책을 붙잡고. 그렇다고 판매가 보장된 책도 아닌데…….

판형 변화와 더불어 온라인서점을 통한 판매도 시작했는데요. 온라인서점 입고는 좀 더 많은 독자에게 다가가기 위한 선택인가요.

3권의 책이 나오면서 소규모 서점들의 응원을 많이 받았어요. 그런데 아무리 노력해도 숫자가 나오지 않더라고요. 그래서 고민이 많았어요. 온라인서점이나 대형서점에 입고를 시키지 않았던 건 꼭 거래하지 않겠다고 생각한 게 아니라 제가 잘 몰랐기 때문에 미뤄놓고 있었던 거였거든요.

4호가 나오면 기존에 거래했던 소규모 서점 이외에 최소한 온라인서점 한두 군데 정도는 들어가서 반드시 판매량이 나오는 것을 증명해내야 한다고 생각했어요. 그렇지 못하면 출판을 계속하기는 어려울 거 같다는 어떤 기준점을 자의 반 타의 반으로 만들게 된 거 같아요.

   3권 만드는 동안에는 제가 부업으로 학생들을 가르치는 아르바이트도 했거든요. 그런데 그게 시간이 흐르면서 이러면 안 되겠다는 생각을 점점 하게 되더라고요. 제가 하고 싶은 일을 하고 있기는 하지만 경제적인 부분을 부업으로 메워야 한다면 취미생활을 너무 붙잡고 있는 모양새가 될 수도 있잖아요. 그런 점이 조심스럽기는 해요.

   사람마다 판단이 다를 텐데 부업을 통해서도 하고 싶은 일을 지속하는 방법이 있고, 그런 삶의 방식이 잘못된 건 아니라고 생각하거든요. 그런데 저의 또 다른 가치관에서는 어떤 일을 한다고 했을 때 그걸로 밥벌이하지 못한다면 순전히 나의 실력이 부족한 것이라고 판단이 돼요. 이런 경우에는 그걸 붙잡고만 있으면 안 될 거 같다는 생각을 했던 거 같아요.

4호까지의 매출을 측정해서 확인하는 건가요.

   그렇죠. 일단 4호까지 출간하고 원하는 정도의 경제적인 성과가 나오지 않으면 나는 이걸로 먹고살 수 없는 사람이라는 걸 깨끗이 인정하고 받아들일 생각이었어요. 그래서 북 토크 같은 것도 아직 할 때가 못 된다. 할 말도 많지 않고 내가 감히 어떻게 하나 싶어서 계속 미뤄왔거든요. 그런데 지금은 생각을 바꿨어요. 무엇을 통해서든 내가 출판을 지속할 수 있게 만들 수 있을만한 능력이 되는지를 판단해야 할 때라고 생각해요.

그럼 5호 출간 계획은 미정인가요.

5호는 아르바이트를 하지 않고 4호까지의 판매를 통해서 5호 취재비가 남아야 할 수 있다는 입장이에요.

작은 출판사 측면에서 보면 '브로드컬리'의 성과는 작지 않다고 생각이 돼요. 그런데 출판이라는 게 매출이 나고 운영이 되려면 어느 정도 종수가 쌓여야 하는 측면이 있다고들 하니까 아무래도 종수를 쌓기 전까지 견뎌내야 하는 어려움이 있는 거 같아요.

더 인내심을 가지고 투자를 해야 하는 것도 맞지만, 취재하면서 무척 힘들었거든요. 좀 지치기도 했고요. 이렇게 억지로 더 끌고 간다면 이 일을 싫어하게 될 것 같더라고요. 경제적으로 너무 힘들었으니까요. 그래서 지금까지는 책을 만드는 과정에만 집중하다가 이제 처음으로 판매에 대해 진지하게 고민을 하고 관련된 노력을 해보고 있는 거 같아요.

그럼 설정해 놓은 판매에 대한 목표치가 있나요.

사실은 제가 출판 비즈니스를 잘 모르기 때문에 몇 부를 팔아야 어느 정도 수익이 나는지 잘 모르겠어요. 3호까지는 개인이 할 수 있는 건 무조건 다 개인이 끌고 안고 했거든요. 창고도 없으니까 침대 매트리스 밑에다 상자 쌓아놓고 거실에도 책 쌓아놓고 택배도 직접 보냈어요. 지금은 붙잡고 있던 일들을 하나씩 정리하고 있어요. 출판 모양새를 조금씩 갖춰 가면서 하고

있는데 매출이 조금씩 커지면서 비용도 늘어나기 때문에 얼마나
팔아야 제가 생각하는 만큼의 수익이 될지는 잘 모르겠어요.

좋은 성과가 있었으면 좋겠어요.

    크게 바라는 건 아니고 최소한 취재 갔을 때 돈이 없어서
밥을 못 사 먹는다거나 그러면 안 되겠다는 생각을 해요. 아무리
명분이 좋다 해도 비인간적으로 노력을 쏟아야 하는 거면
건강하지 않은 거잖아요. 밥은 먹고 급할 때는 택시도 탈 수 있는,
그 정도는 되어야 하지 않을까. 개인 용돈을 바라는 거까지는
아니지만.

**앞에서 직장을 그만두고 지금의 일을 선택한 이야기를 했지만 쉽지
않은 선택이었을 거 같아요.**

    사실 선택은 쉬웠어요. 항상 하는 생각이기는 한데 저는
선택이 크게 중요하지 않다고 생각해요. 증권사에 처음
들어갔을 때도 준비를 오래 했기 때문에 잘 적응해서 일하지
않을까 생각했거든요. 그런데 막상 들어가고 보니 모르는 게
너무 많았어요. 밤도 새우면서 고생은 고생대로 했고요. 그때
대리급 되는 선배가 술자리에서 해주는 말이 "수영을 하려 하지
말고 그저 죽지 않게 숨만 잘 쉬고 있어라"였어요. 그렇게 잘
허우적거리다 보면 언젠가 수영을 배우게 될 날이 올 거라고,
처음부터 힘을 빼면 그만두게 된다고……

로컬숍을 연구하는   **조퇴계**

잘하려고 너무 애쓰지 말라는 얘기네요.

네, 너무 잘하려 하지 말고 흐름에 몸을 맡기라고 하더라고요. 그걸 저는 어떻게 들었느냐면 '선택은 강물에 뛰어드는 건데 뛰어들어서 내가 어떤 행동을 하느냐에 따라 결과가 달라지는 거다. 이 강물에 뛰어들면 조오련이 되고, 저 강물에 뛰어들면 빠져 죽는 게 아니라 어느 물에 뛰어들든 잘하면 된다'고 생각했어요.

증권사에서 잘해나갈 수도 있겠지만 내가 생각하는 출판 혹은 보고서 작성을 통해서도 잘할 수 있다고 생각했어요. 선택의 문제라기보다는 과정의 문제라고 생각했고, 그래서 회사를 그만두는 것에 많은 고민을 하진 않았어요.

증권사의 일을 계속하는 게 장점도 있지만, 단점도 있잖아요. 40대 중반 이후에는 은퇴하게 되기도 하고, 어떤 일을 하든 걱정되는 부분은 있을 수밖에 없으니까 마찬가지라고 생각했어요. <u>선택 자체가 중차대한 고민을 통해서였다기보다 양쪽 다 걱정이 있고 기대가 있고 그런 게 아니었을까. 선택보다는 과정이 중요하다고 생각해요.</u>

2호와 마찬가지로 3호에서도 서점을 다룬 이유는 무엇인가요.

사실은 네 번째도 서점을 하고 싶었어요. 2호에서는 책을 중심으로 한 서점이었거든요. 3호에서는 책을 중심으로 하지만 커피나 술을 팔거나 디자인 스튜디오를 함께하는 공간이었어요.

제삼자의 시선으로 볼 때, 서점에서 다른 걸 겸하면 책을 더 열심히 해봐야 하지 않나 그런 생각을 하기도 하잖아요. 2호를 취재하면서 그런 생각 때문에 커피나 술을 파는 서점들이 혹시라도 진짜가 아닌 서점으로 치부되는 건 아닐까 하는 생각이 들었어요.

서점을 유지한다는 건 굉장히 어려운 일이고 커피를 팔든 술을 팔든 책을 겸한다는 건 고생스러운 일인데 그걸 그렇게 치부해버릴 수는 없는 일이라고 생각해서 급하게 기획을 하게 됐어요. 2호가 독자들에게 오해를 줄 수 있겠다는 생각이 들기도 했고요. 그래서 두 권의 출간 간격이 짧았어요.

'브로드컬리'가 독립책방뿐만 아니라 많은 사람에게 좋은 평가를 받고 있다고 생각하는데요. 그동안의 성과를 스스로는 어떻게 평가하시나요.

그게 아마도 서점 이슈를 두 번 다뤘기 때문에 서점을 운영하시는 분들이 예쁘게 봐주신 거 같고, 제 욕심으로는 아직 많이 부족하다고 생각해요. 만족하고 그럴만한 건 못 되는 거 같아요.

제가 출판 활동을 하는 걸 보고 누군가는 이 친구는 하고 싶은 일을 하니까 만족하겠거니 생각할 수도 있을 거 같아요. 그런데 꼭 그렇지는 않거든요. 내가 하고 싶은 일을 하니까 만족하면서 산다고 말하기에는 분명 어려운 점이 있어요. 지금보다 더 잘해보고 싶다는 생각이 훨씬 강해요.

자기가 좋아하는 일을 선택했을 때 그 일이 조금은 무모하다고 여겨지는 일인 경우에는 먹고살 만하니까 그 일을 하지 않겠느냐고 생각하는 사람들도 있어요.

정말 그랬으면 좋았을 거 같고요. 뒷받침되는 게 없어서 그만둘 위기를 계속 겪는 거 같아요. 여전히 그만둘 위기인 거고……. 그래서 말씀드린 것처럼 네 권의 책을 가지고 밥 사 먹을 돈이 나오지 않으면 그만둘 수밖에 없다는 생각을 하는 거겠죠.

모든 삶이 호락호락하지는 않잖아요. 누구에게나 각자의 어려움이 있을 텐데……. 일이란 게 경제적으로는 어느 정도 안정은 주겠지만, 정서적인 보람은 가져다주지 못하는 경우가 많을 거라 생각되거든요. 그랬을 때 본인의 삶의 방식이 좀 부정적으로 비칠 수도 있을 거 같아요. 그런 상황에서 자기 일을 하는 사람들이 소소해 보이는데 먹고살 수 있다고 하면 그게 뭔가 미울 수도 있잖아요. 그런 감정은 다들 각자 노력하면서 살아가고 있기 때문에 자연스러운 일이라고 생각해요.

그래서 저는 저희 책을 많이 읽으시면 좋겠다고 생각해요. 자기 일을 하는 사람들이 그걸 가꿔나가기 위해서 얼마나 처절하게 노력하는지 알면 좋다고 생각하거든요. 그런 내용은 잘 다뤄지지 않잖아요.

어떤 일을 선택한 사람을 평가하는 건 간단한 일은 아니죠. 평가라는 말도 적합하지 않을 거고요.

콘텐츠를 파는 입장에서는 사람들의 환상을 충족시켜주는 콘텐츠가 잘 팔리니까 좋겠지만, 소비자 입장에서는 그런 콘텐츠만 접하다 보면 오히려 본인의 삶을 부정적으로 보게 될 수도 있거든요.

저희는 오히려 <u>선택을 감당하는 과정을 좀 더 입체적으로 바라볼 수 있다면 누구든 본인 삶의 아름다운 부분을 돌아볼 수 있다고 생각해요.</u> 또 다른 사람의 삶에 대해서도 더 존중하고 거기에 가치를 부여할 수 있을만한 근거를 갖게 되는 거 같고요.

원하는 일을 하기 위해서, 또 유지하기 위해서는 더 많은 것들을 동원해내야 하는 부분이 있죠.

네, 왜 회사에서 돈을 주겠어요. 하기 싫은 일을 누가 해주니까 돈을 주잖아요.

상응하는 무언가를 해야 하는 거죠.

그렇죠. 저도 분명히 경제적으로 성과가 안 나오기 때문에 감당하고 있는 힘든 부분들이 있는 거고요. 물론 그런 점 때문에 응원을 해주시기도 하지만, 하고 싶은 일을 하는 것과 행복은 직접 연결되지는 않는 것 같아요. 하기 싫은 일을 해도 행복할 수 있고, 하고 싶은 일을 해도 행복하지 않을 수 있는 거고요. 저도 제가 원하는 일을 하고 있지만, 행복하다고만 말할 수는 없어요.

본인이 어디에 더 중점을 두느냐에 따라 차이도 있을 거 같아요.

네, 행복을 구성하는 요소는 다양하잖아요. 가족 간의 관계, 건강, 하고 있는 일. 일이 굉장히 중요하게 생각되지만, 행복에는 일 외에도 너무나 많은 요소가 작용하기 때문에 무슨 일을 하느냐는 여러 가지 중의 하나인 거 같아요. 그래서 제가 대단한 선택을 한 것도 아니라고 생각해요. 선택은 했지만, 유지를 못 하면 접어야 하는 거잖아요.

그래서 '브로드컬리'의 책에도 선택보다는 유지에 대한 이야기가 많지요. '브로드컬리'를 만들면서 가장 어려웠던 점은 무엇이었나요.

너무 많은데. (웃음) 일단은 서점을 하는 분 중에도 서점과는 관련이 없는 일을 하다가 서점을 하는 경우가 있고, 제주도에 이주해서 가게를 연 분 중에서도 기존에 자기가 하던 일과 전혀 다른 일을 하는 분도 있는데요. 제 경우에도 제가 하던 일과 생각하는 동기는 같다고 하지만 실무 부분은 너무 다르거든요.

출판업종이 제조업으로 분류되잖아요. 사업자등록을 할 때는 좀 웃기다고 생각했어요. 구시대적인 분류라는 생각이 들었거든요. 그런데 정말 제조가 맞더라고요. 제조의 성격을 강하게 가지고 있는 분야였는데 제가 너무 모르고 시작을 한 거더라고요. (웃음) 그 부분에서 어려움을 정말 많이 겪었어요.

좋은 텍스트만 있으면 출판으로서 요소를 갖춘 거라고 생각했었는데 그게 전혀 아니었던 거죠. 회사에서는 컴퓨터로

서울의 3년 이하
왜 굳이
로컬 베이커리

제주의 3년 이하 이주민의 가게들:
원했던 삶의 방식을 일궜는가?

서울의 3년 이하 서점들:
책 팔아서 먹고살 수 있느냐고 묻는다면?

서울의 3년 이하 서점들:
솔직히 책이 정말 팔릴 거라 생각했니?

서울의 3년 이하 빵집들:
왜 굳이 로컬 베이커리인가?

Broadcally   Broadcally   Broadcally   Broadcally

텍스트를 정리하면 끝이었는데 지금은 좋은 원고는 좋은 원고인 거고, 책으로 나오기까지의 과정은 제조업의 여러 가지 요소들을 거쳐야 하는 거죠. 그걸 전혀 모르고 있다 보니까 실무에서 좌절을 많이 했던 거 같아요.

정말 제조가 맞죠. (웃음) 물성으로서의 관점도 중요하니까요.

지금은 제조라는 부분이 크게 다가오거든요. 그런데 시간이 지나면 생각이 또 달라질 거 같기도 해요. 경험이 쌓이면 다시 콘텐츠로. 처음 시작했던 방향에 대해서 더 고민할 거 같고, 모든 선택이 다 이렇지 않을까 싶어요.

경험적인 측면 외에 후회되는 부분이 있나요?

회사를 나올 때 통장에 잔고가 4백만 원이었거든요. 떨어지는데 한 3, 4개월 걸렸어요. 그 이후로 지금까지 계속 후회하고 있다고 보시면 될 거 같아요. 항상 후회하고 있고, 후회한다고 해서 선택을 무르겠다는 건 아니고요. 뭘 선택하든 간에 후회할 수는 있으니까요.

자본금 같은 준비에 관한 건가요?

저는 당장 몇백만 원의 월수입이 중요하지 않다고 생각하는 사람인 줄 알았어요. 내가 무슨 일을 하고 무엇을 바라보고 있는지가 중요한 것이지, 당장 월급이 얼마 들어오는 게 뭐가 중요한가. 그렇게 생각했었나 봐요. 그러니까 쉽게 나왔겠죠.

사회생활을 짧게 하고 사업을 시작했기 때문에 월 몇백만 원 정도의 수입, 생활비로 쓸 수 있는 여력이 정말 큰 요소라는 걸 몰랐어요. 그런데 막상 겪어 보니 돈은 참 중요한 요소 중 하나더라고요.

돈이 없으면 마음도 무너지기 쉬운 거 같아요. 비슷한 선택을 하는 분들에 대한 콘텐츠 중에는 돈이 중요한 것이 아니라 가족이 중요하고, 시간이 중요하다고 말하는 내용도 많잖아요. 사람마다 다르겠지만 그런 얘기들이 사람들에게 자칫 잘못된 선택을 불러일으킬 수도 있다고 생각해요. 그래서 조심스러운 부분인 거 같아요.

저도 오랜 꿈이었던 출판사를 하게 됐는데 출판 경력이 있어서 안다고 생각했던 부분들이 되짚어 생각해보면 아무런 준비도 없이 뛰어든 것과 마찬가지더라고요. 그때 다른 일을 하고 있었는데 그걸 왜 그렇게 일찍 접었을까 하는 생각도 들어요. (웃음)

또 하나 후회되는 부분을 말씀드리자면 여러 가지 일을 하기 위해서 갖춰야 할 조건들이 있잖아요. 예를 들어 출판을 통해서 무언가를 하고 싶다고 할 때 기본적인 인간관계나 경험 같은 것들을 조금 더 준비했으면 좋았겠다는 생각을 하게 돼요.

지금은 다행히도 네 권의 책이 나왔고 반응이 조금씩 나아지고 있어서 조금 더 유지해보겠다고 생각하고 있지만 조금만

삐끗했으면 그만뒀을 수도 있거든요.

   용기 있다고 생각해주는 사람들도 있겠지만, 유지가 안 될 경우에는 그런 선택의 의미마저 줄어들게 되잖아요. 물론 후회하지 않으려고 선택을 하지 않는 것도 손해라고 생각해요. 어쨌든 경험을 통해서 어려움을 알게 되고 겪어내고 해결해 나가는 게 또 일을 해나가는 과정이니까요. 다만 시도도 하고 결과도 좋으면 더 좋으니까요. 다행히 이어나가고는 있지만 그만둘 수도 있는 순간들이 많았기 때문에 되돌아보면 준비를 조금 더 하는 것도 의미가 있다고 생각해요.

완벽한 준비란 없겠지만, 성급하게 결정할 일은 아니겠죠. 안다고 생각했던 것들이 아무 소용없는 경우들도 있고요. 후회되는 부분을 돈과 준비로 정리한다면 시도를 하는 분들이 두 가지를 조금 더 신경 쓰면 좋겠다는 의미로 받아들이면 될까요.

   뭘 하든 후회를 하게 될 거라 봅니다. (웃음) 준비해도 또 후회가 있겠죠. 그걸 다 준비하다 보면 시간이 갈 테니까요, 그러면 시간에 대해서 또 후회하게 될 테고. 후회는 다 가지고 있는 거 같아요. 후회는 없다고 얘기하는 경우도 있지만, 후회라고 정의 내리지 않았을 뿐이지 다들 그런 마음은 있지 않을까 싶어요.

잡지를 출간하기 전과 후, 가장 달라진 점은 무엇일까요.

잡지 출간 전과 후로 구분하기보다는 아마도 회사에 다녔던 때와 제가 좋아하는 일을 하는 지금과 비교를 해야 할 거 같은데요. 신입사원이었을 때는 일을 잘하면 좋겠다는 게 고민이었거든요. 그런데 나와서 제 일을 하게 되니까 일을 잘 해내고 싶다는 생각은 수없이 많은 고민 중에 하나가 되어버리더라고요. 고민의 종류와 차원이 정말 고차원적이어서 머리가 아파요. (웃음)

그렇다고 더 괴롭고 덜 괴롭고의 문제는 아닌데 회사 다닐 때는 일을 잘해야 하고 임무를 완수해야겠다는 명쾌한 과제를 가지고 있었다면 지금은 매일매일 수도 없이 새로운 과제가 쏟아지기 때문에 괴로움의 결이 다른 거 같아요. 결론은 달라졌다고 할 만한 건 괴로움의 결이 달라진 거지 뭘 해도 힘들다는 거죠. (웃음)

결국, 자기 자신과의 싸움 아닐까요? (웃음)

돈에 대한 생각도 달라졌어요. 회사 다닐 때는 돈이 중요한 게 아니라고 생각했거든요. 아마도 돈을 버니까 그렇게 생각했겠죠. 그때는 본인이 가지고 있는 게 작아 보이잖아요. 돈이 규칙적으로 들어오고 쓸 돈이 있으니까 '이걸로 내가 행복을 찾을 수 있는 건 아닌데'라는 생각을 했던 거예요. 지금은 '행복을 찾으려고 해도 밥은 먹어야 할 텐데'라고 생각해요. 행복을 찾을 힘조차 없으면 안 되잖아요. 그래서 돈은 반드시 일정 이상 벌어야 한다. 그 생각을 하게 되는 거 같아요.

'브로드컬리'가 생각하는 '일'이란 무엇인가요.

일을 바라보는 관점이 달라지고 있는 걸 느끼기는 하거든요. 예전에는 제가 무슨 일을 하는지가 굉장히 중요했어요. 나는 무슨 일을 하는 사람이고, 그로 인해 내가 어떤 사람인지 정해진다고 생각한 거 같아요. 증권사에서 기업분석을 하고 싶어 했던 거나 회사를 나와서 보고서를 책으로 만들어 팔려고 하는 거나 모두 무슨 일을 하는지에 대한 고민이었던 거죠. 그런데 '무슨 일을 하는가'는 계속 고민하다 보니까 오히려 덜 중요하게 느껴지는 거 같아요.

제가 인터뷰를 하면서 만난 분 중에는 빵을 만드는 분도 있고, 서점 운영하는 분, 민박 운영하는 분, 카페나 식당을 운영하는 분, 다양한 분들이 있잖아요.

그분들이 <u>어떤 일을 하는지에 따라서가 아니라 어떤 태도로 자기 일을 대하고, 어떤 마음으로 살아가는지에 따라 제가 그 사람에 대해 느끼는 바가 달라졌던 거 같아요. 그 사람이 무슨 일을 하는지보다는 어떤 태도로 사는지에 따라.</u> 그 사람의 향기라고 할까요.

저도 지금 출판을 하고 있다는 것보다 왜 출판을 하고, 출판을 통해서 무엇을 하고자 하는가. 거기에 초점이 맞춰지는 거 같아요.

인터뷰 제목이 '나를 닮은 일'입니다. 본인과 일이 닮았다고 생각되시나요?

저는 제가 하는 일이 저 자신이라고 생각해요. 누가 시켜서 하는 것도 아니고, 누가 이렇게 하면 잘 될 거라고 해서 하는 것도 아니고요. '돈이 되는 일인데 명분까지 있다'가 아니라 '명분이 있기 때문에' 이 일을 하는 거고, 이 일을 지속하기 위해 어떻게 돈을 벌어야 하는지를 고민하는 거죠.

말 그대로 제가 생각하는 바를 일로 만들어 가는 거고, 지속하기 위해 고민하는 거니까 그 자체가 저이고, 또 제 일이라고 생각해요. 다만 제가 생각하는 바를 표현하면서 돈을 벌려고 하니 그게 힘든 거죠.

원하는 일을 지속한다는 게 쉬운 일은 아니죠.

저는 대학교에서 전공이 공대였고, 또 금융권에서 일했잖아요. 그 분야에서는 선택할 때 어느 정도의 가능성을 가지고 있는가가 선택에 영향을 미치거든요. 그런데 저는 이 일을 해야 하고 여기서 가능성을 만들어나가야 하니까 순서가 반대잖아요.

그래서 기분이 좋을 때는 개척한다는 보람이 있지만, 그렇지 않을 때는 잘못된 선택을 붙들고 도태되어 가고 있다는 느낌을 받을 때가 종종 있어요. 응원을 받을 때는 기분이 좋지만 잊어버리는 건 한순간이거든요. 통장 잔고를 보면 다 잊어버리게 돼요. (웃음)

사업하는 사람들은 조울증도 많다고 하더라고요, 일희일비하게도 되고. 저는 아침에 들어오는 주문이 판매가 아니라 소식 같은 느낌이 있어요. 그래도 돌아가고 있구나 하는. (웃음)

제가 이번 신간 나오는 데 1년 걸렸잖아요. 그 기간에 매출이 제일 낮았던 달의 한 달 매출이 29만 원이었어요. 그때는 정말 '나는 무엇을 하고 있는가'라는 의문이 들더라고요. 그럴 때는 주변의 응원으로도 극복이 안 되더라고요.

응원만으로 버티기 힘들죠.

사람이 고생을 너무 많이 해도 잘못된 방향으로 갈 수 있기 때문에 좋아하는 일을 하니까 고생해도 괜찮다는 생각은 너무 쉽게 하지 않았으면 좋겠어요. 가능하면 고생을 조금이라도 덜 하는 방향으로 가는 게 좋지요.

고생이 다 거름이 되는 것도 아니고. (웃음)

똥이 되죠. (웃음) 그래도 기분이 좋아진 상태에서 이번 인터뷰를 하게 돼서 다행이에요. 몇 개월 전이었으면 계속 우는소리를 했을 거예요. 지금은 다행히 좀 더 해볼 수 있는 상태가 아닌가 싶어요.

책을 읽고 용기 내서 자기 일을 해보겠다는 분들이 있을지도 모르겠는데 아마 저와 같은 이런 단계를 거칠 수도 있지 않을까 싶기도 하거든요. 저는 딱히 격려하고 싶지는 않네요. (웃음)

어떤 일을 하는지가 아니라 어떤 태도로 살아가는지에 따라

솔직히 그래요.

저도 앞으로는 '브로드컬리'에게 응원의 메시지 외에 다른 방법을 생각해 봐야겠어요. (웃음)

하겠다는 분들에게는 격려보다 차라리 '앞으로 고생이 많으시겠네요'라고 말하고 싶어요. 제가 자리를 잘 잡아서 '그럴 때도 있었죠'라고 말할 수 있는 상황이 되면 달라지겠지만 견디려고만 하다가 무너지는 경우도 있잖아요. 그런 것까지 고려했을 때 보수적인 생각도 나쁘지만은 않은 거 같아요.

지금까지는 결과물을 책이라는 형태로 만들어내고 있잖아요. 좀 더 넓게 로컬숍에 대한 콘텐츠로 본다면 책 이외의 형태로도 결과물이 나올 수 있지 않을까요.

예전에 바게트 올림픽이라고 빵 먹는 행사를 한 적도 있거든요. 그런데 한계가 명확하더라고요. 한 달 월세 정도의 도움일 뿐 일회성으로 끝나더라고요.

그래서 좀 더 큰 그림으로 로컬숍에 긍정적인 영향을 줄 수 있을만한 일을 하면 좋겠다 해서 시작하게 된 게 출판이에요. 출판을 하면서 아쉬웠던 점이 활자 매체에는 싣기 어려운 표현이나 말들이 있다는 거였는데 좀 아깝더라고요. 그런 내용까지 독자들에게 전달되면 더 좋지 않을까 싶어서 최근에 '오프더레코드'라는 행사를 했어요.

서점에 가서 인터뷰를 하되 기록은 남기지 않는 거예요. 찾아온 독자나 참가자들은 책에 담지 못한 내용까지 현장에서 들어볼 수 있는 거죠. 출판 입장의 행사라기보다는 로컬숍에 관심이 있는 일인으로서의 새로운 시도라고 생각하고 있어요. 물론 책과 연관이 안 될 수는 없지만.

기획의 취지 자체가 기록을 남기지 않아야 가능한 부분이기는 하지만 또 하나의 콘텐츠가 될 수 있을 거 같은데요.

기록으로 남기지 않기 때문에 나올 수 있는 말이 있다고 생각해요. 물론 저희가 인터뷰를 하고는 있지만, 책에 싣기 어려운 것들이 현장에서는 가능하니까. 그리고 사업적으로도 의미를 만들 수 있지 않을까요. 책 매출과도 작게나마 연관이 되는 거 같고, 와주신 분들이 책을 많이 사주시더라고요. (웃음)

일단 행사의 기획 자체가 솔직한 이야기를 현장에서 들어보기 위함이었기 때문에 매출을 먼저 생각한 건 아니지만, 매출에 정말 도움이 안 된다면 지속할 수 없겠죠. 책도 그렇고 매출 걱정 없이 하는 건 없는 거 같아요. 항상 매출로 어떻게 연결할 것인가를 고민하면서 해결해야 한다고 생각해요.

'오프더레코드' 외에 또 어떤 계획이 있으신가요.

일단은 로컬숍을 이해하는 데 도움이 될 만한 정보들을 전달하는 일을 더 잘 해보고 싶고요.

작은 가게를 운영하면서 겪게 되는 어려움이 많잖아요. 제도든 소비문화든 관여해보고 싶은 부분들이 많아요. 사업적으로 어떻게 연결할 수 있을지는 계속 고민 중이에요. 지금은 배워나가는 과정이라 뭐라고 말씀드리기는 어렵네요.

출판의 목적도 개인적인 성공이 아니라 우리가 좋아하는 가게들이 오래도록 자리할 수 있고, 사람들이 로컬숍을 더 많이 찾게끔 하기 위해서 무엇을 할 수 있을지를 고민하는 거니까요. 활동하는 내용은 다양해질 수 있다고 생각해요.

표현 방식의 하나로 출판을 선택한 거라 앞으로 출판 이외에도 다양한 형태로도 만들어질 수 있을 거 같네요.

제가 하고 싶었던 부분이 로컬숍에 대한 양면의 이야기를 사람들에게 전달하는 거라고 할 수 있는데, 어떤 일이든 기본적으로 어느 정도 소득이 있어야 지속할 수 있잖아요. 그걸 현실화시켜주는 게 출판인 거 같아요. 그래서 감사한 마음을 가지고 있어요. 일종의 부채의식을 가지고 있죠.

출판업계에서도 고맙게 생각하지 않을까요.

그건 귀엽게 봐주시는 거 아닐까요. (웃음) 저는 출판업계를 잘 모르고 교정교열이나 인쇄 상태나 여러모로 부족한 데 관심을 가져주시니 저로서는 감사할 따름이죠. 또 덕분에 조금씩 개선해나가기 위한 기회를 얻게 되고, 그 기회들을 활용해서 덜 부끄러운 책을 내기 위해 노력하려고 해요. 그래서 리뉴얼도 하게 된 거고요.

'브로드컬리'가 어떤 의미가 되었으면 하나요?

저는 사람마다 삶에 아름다운 부분들이 다 내재하고 있다고 생각하거든요. 저희 책을 읽고 그걸 발견할 수 있었으면 좋겠어요. 이분들이 많은 어려움을 감당하면서 본인의 공간을 운영하고 있잖아요. 본인의 삶도 그와 다르지 않다고 생각을 하게 되면 자신의 삶에 대해서도 더 긍정적으로 바라볼 수 있지 않을까요. 그게 이 일을 하는 분들을 오히려 더 지지하게 되는 방식인 거 같기도 하고요.

또 하나 덧붙인다면 굳이 큰 기업의 빵집에 가지 않고 작은 빵집에 간다고 할 때 누군가는 뭘 그렇게 까다롭게 구느냐고 할 수 있잖아요. 그럴 때 작은 가게가 많으면 좋지 않냐고 막연하게 얘기하는 것보다 작은 가게들을 찾는 이유와 소비의 장점을 논리적인 근거로 제시할 수 있었으면 좋겠어요. 우리 책이 그 논리에 뒷받침될 수 있는 보고서로 읽히면 좋겠고요.

그게 '브로드컬리'를 만든 목적인 거죠.

네, 처음 시작한 이유이기도 하죠.

조금 막연하지만 어떤 삶을 살고 싶으신가요.

지금 하는 일을 시작하기 전에는 이 질문에 대해서 굉장히 치열하게 고민했던 거 같아요. '어떻게 살 것인가'가 중요했거든요. 오늘 집에 가는 길에 교통사고로 죽더라도 다시 한 번 살게 해달라고 말하지 않을 정도로 후회 없이 살면 좋겠다는 생각을 많이 했던 거 같아요. 그런데 지금은 그런 생각을 안 해요. 지금 하고 있는 일이 제가 원했던 일이기 때문에 그런 거 같아요. 오히려 어떻게 살아야 할 것인가에 대한 고민이 느슨해진 거죠. 그 부분에 대해 덜 고민하게 되고 덜 치열하게 되는 거 같아요.

하고자 했던 일이기 때문에 오히려 일에만 집중하게 되는 거라고 볼 수 있겠어요.

네, 아마 반대로 생각하면 <u>하고 싶은 일을 미뤄두고 있었기 때문에 어떻게 살아야 할 것인가에 대해서 더 고민을 많이 했던 거 같아요. 고생스럽기는 하지만 어쨌든 하고 싶은 일을 하는 지금은 이 일을 어떻게 할 것인가가 중요한 것이지 삶을 되돌아보는 일은 줄어들지 않았나 싶어요.</u> 게을러진 거 일 수도 있고요. (웃음)

미래에 생각하는 부분을 현재로 당겨오는 거잖아요. 자신이 원하는 일에 집중하게 되면 미래에 대한 생각을 별로 하지 않게 되는 거 같아요.

'어떤 삶을 꿈꾸는가'라는 질문에 사실 별로 할 말이 없는 게 지금 하고 있는 일을 계속할 수 있으면 좋겠다는 게 희망 사항인 거지, '다음에'라든지 그런 건 생각하지 않게 되는 거 같아요.

로컬숍을 연구하는 **조퇴계**

앞에서 응원의 메시지 외에 다른 방법을 생각해 봐야겠다고 했는데, 일단은 '브로드컬리'의 활동에 응원의 이야기를 먼저 드리고요. (웃음) 앞으로도 일하는 사람들의 명과 암을 통해서 많은 사람이 자신의 삶에 아름다운 부분을 발견하고 더 긍정적으로 바라볼 수 있으면 좋겠습니다.

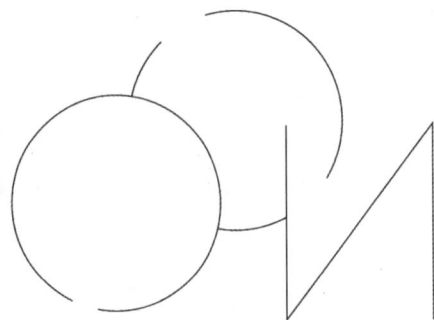

디자인하는 OON
프리랜서 디자이너

OON 오오엔 | oonsiot@gmail.com
북. 편집 디자이너 |

Book Editorial *Design*、er。

하시는 일과 자기소개 부탁합니다.

저는 오오엔이라고 하고, 프리랜서 디자이너입니다.

사회생활을 출판 디자이너로 시작하신 건가요.

원래는 남성복 디자인을 하고 싶어서 그쪽 디자인을 배웠어요. 하지만 졸업하고 책이 갑자기 눈에 들어와서 (웃음) 어찌어찌 공부하고 취업을 하게 됐어요.

첫 직장이 출판사였나요.

네, 4대 보험이 들어가는 첫 직장은요.

출판사에서는 오래 일하셨나요.

5년 정도 일했어요. 마지막 직장에서 대리를 달고 나왔습니다.

출판업종이 이직이 많은 곳인데 직장은 한 군데만 다니셨나요.

워낙 박봉이라 연봉을 올리기 위해서라도 계속 이직을 해야 했어요. 그래야 돈이 조금이라도 오르니까. (웃음)

연봉이 오르려면 이유가 있어야 하는데 그게 이직인 거죠. (웃음) 출판업종이 매출이나 이익구조가 어려운 측면도 있겠지만, 업계 평균을 내세우는 측면이 있죠.

악습인 거 같아요. 저도 한군데를 오래 다니고 싶었는데 그러기 힘든 게 현실이죠.

지금 프리랜서로 작업 중이시잖아요. 프리랜서 생활을 시작하게 된 동기랄까, 이유가 뭔가요.

아시다시피 출판사 중에서 대기업이라고 할 수 있는 데는 몇 곳 없잖아요. 거기 말고는 다양성이 없다는 점, 큰 규모가 아니면 평소와 다른 디자인을 시도할 수도 없고 제작에도 제약이 많은 구조라는 생각이 들었어요. 그리고 박봉이 가장 컸어요. 이렇게 작은 회사에서 전전하다가는 안 되겠다 싶어서 나왔어요.

업무량은 적은 것도 아닌데, 급여도 그렇고 장기간 근무하기에는 쉽지 않은 환경이죠.

네, 그렇다고 일이 더 쉬운 것도 아니잖아요. 사실 책 만드는 일이 힘들었다기보다 대한민국의 전형적인 회사생활에서 오는 고민이지 않았나 싶기도 해요.

프리랜서를 선택했을 때 얻는 게 있고 잃는 게 있잖아요. 일반적으로 잃는 것은 경제적 안정이라고 할 수 있을 거 같은데요. 얻는 게 있다면 무엇인가요.

자유요. 경제적 안정에 대해서는 제가 그렇게 무서워하면서 사는 편이 아니라서 안정성이 없어서 불안하다는 거보다는 나라에서 제 일을 인정을 해주지 않을 때 좀 서럽더라고요.

나라에서요?

네, 신용카드도 못 만들고, 프리랜서다 보니까 소액의 대출도 아예 안 되고 이런 게 좀 서러운 거 같아요.

저도 잘 안 해주더라고요. (웃음) 저는 사업자 대출인데 사업자 대출은 전년도 매출이 중요하거든요. 전년도 매출이 높으면 왜 대출을 받겠느냐, 매출이 없으니 대출을 받으려고 하는 거 아니겠느냐고 했던 적이 있어요. 기준이 그렇다고 하더라고요.

네, 기준이 그렇다 그 말만 하시더라고요. (웃음)

선택에 대한 걱정도 있었겠지만 기대도 있었을 거 같은데요.

많은 사람이 프리랜서에 대해 착각하고 있는 점이 있어요. 제 주변 사람들도 그러는데 '너는 네 거 하잖아'라는 얘기들을 해요. 저도 제 것을 한다 생각하고 시작했지만 사실 전혀 그렇지 않다는 걸 말씀드리고 싶어요. 제 것이 아닙니다. (웃음)

근무 형태만 다른 거 아닌가요. (웃음)

네, 형태만 다르고요. 제 거는 아무것도 없고, 가진 거라고는 그냥 일어나고 싶을 때 일어나는 것 정도? 물론 이것도 마음대로 안 될 때가 많지만요. (웃음)

그렇다면 회사를 다닐 때와 비교해서 지금 생활의 가장 큰 장점은

무엇인가요.

잠옷을 입고 일을 할 수 있다는 거요. (웃음) 이런저런 격식을 차리지 않고 일할 수 있는 게 가장 편해요. <u>내가 아는 내 모습으로 일하며 돈을 번다</u>는 점이 개인적으로 가장 큰 장점이에요.

자유로운 근무형태라고 해도 될까요. 물론 일의 선택이나 업무 지시 여부와 같은 것들도 포함되겠지만요.

다른 프리랜서분들은 모르겠는데 저는 그게 가장 중요했거든요. 매일 남들이 보기에 괜찮은 모습으로 꾸미지 않고도 일할 수 있다는 자유, 책상 하나 있는 평범한 공간이지만 내 취향이 한껏 묻어나는 곳에서 일한다는 점이요. 또 8시간짜리 일이 5~6시간으로 줄어들 수도 있고, 다른 곳에서 시간 여유가 생기니까 일의 효율이 높아진다고 할까요? 물론 프리랜서이기 때문에 같은 일이라도 책임을 지거나 감당해야 하는 부분이 커지기는 합니다. (웃음)

직장인으로서 안정성이라는 건 급여액 자체보다는 급여가 매달 나온다는 의미의 안정성이잖아요. 경제적 안정성보다는 자유를 원해서 프리랜서를 선택하게 된 거니까 그 의미로는 지금 원하시는 방향으로 흘러가고 있는 거네요.

네, 그런 측면에서는 아주 잘 흘러가고 있습니다.

근무형태나 시간 외에도 새로운 작업을 시도해 본다든지 하는 측면에서는 어떤가요.

사실 현재로선 더 시도해볼 수 있는 건 없어요. 아무래도 출판사 측에서 프리랜서를 고용할 때는 이미 어느 정도 살펴본 뒤에 선택하다 보니까 제가 하고 싶은 걸 시도할 기회는 없었어요. 시도한다고 해도 보통 까이게 되고. (웃음) 그렇지만 그런 부분은 이해되는 측면도 있어요.

디자인이나 제작 관련된 시도에는 여전히 제약이 있는 거네요.

그렇죠. 새롭고 신선한 시도는 시도로 남는 경우가 많아요. 콘텐츠를 시각화하는 일을 받는 입장이다 보니……. 일을 주는 입장에선 아무래도 익숙한 것이 안전하니까요. 또 제작은 돈과 직결되는 문제니까. (웃음) 당연히 적게 들어가면 좋죠. 이해는 되지만 항상 아쉽죠.

작업은 주로 집에서 하시는 건가요.

그랬었는데 지금은 작업실을 구했어요.

작업실을 구하신 이유는 집과 일하는 공간을 분리하기 위한 건가요.

네, 일이 많으면 자연스럽게 야근으로 흘러가잖아요. 야근이 잦아질 때면 '이럴 거면 내가 회사를 왜 나왔나' 하는 생각이 들기도 하지만. (웃음) 아무래도 약간의 긴장감을 가지고 일하는

내가 아는
내 모습으로

일하며
돈을 번다

88개의 건반이 삶의 일부가 되다

나는
오늘부터
피아노를 치기로 했다

홍예나
지음

달라지는 것들에 대하여

나는 오늘부터 피아노를 치기로 했다

홍예나 지음

게 필요하더라고요.

공간 분리가 필요한 거 같기도 해요. 작업실은 최근에 구하신 건가요.
　네, 사실 프리랜서를 처음 시작했을 때도 작업실을 구했었어요. 3개월 계약을 했었는데, 그때는 제가 제 작업량의 최대치를 몰라서 시험해 보기 위해 일을 다 받았었거든요. 그러다 업무량 때문에 작업실을 아예 못 가는 바람에……

업무가 많아서 집에서 일하게 된 건가요.
　작업실에 가봤자 일이 끝나질 않으니 집에서도 작업을 계속할 수밖에 없어서요. 그때 이후로 작업실 없이 일하다가 최근에 이 정도면 작업실이 있어야겠구나 싶었어요.

저도 사무실을 계약했다가 뺀 적이 있는데 저와는 이유가 다르네요. 저는 망해서였는데. (웃음) 그러면 처음에는 회사 다니던 때 이상으로 일했었고, 지금은 근무시간을 일정하게 잡는 편이신가요. 삶의 질 중심으로 ?(웃음)
　네. (웃음) 지금은 제가 상상했던 프리랜서의 모습으로 일하고 있는 것 같아요. 프리랜서 활동 초기에 그렇게 작업을 해서 돈은 많이 벌었는데, 신기하게도 돈이 전혀 위로가 안 되더라고요. 당연히 위로가 될 줄 알았는데……. (웃음)

프리랜서로 돈을 많이 벌었다고 하면 업무량이 상상이 갑니다. (웃음)

처음 석 달은 하루도 못 쉬었어요, 주말도 없이 계속. 이렇게 살 바에는 회사에 다시 들어가는 게 낫겠다 싶어서 그때부터는 일을 줄이기 시작했어요.

보통은 처음에는 수주받기가 어렵다가 점점 쌓아나가는 과정이 될 거 같은데 초반에 업무가 많았다니 의외입니다.

다른 분들은 잘 모르겠지만 저는 초반에 업무가 엄청나게 몰린 편이었어요. 아는 관계도 아니었고 연락이 오면 포트폴리오 보내드리고 그런 식이었는데, 다들 좋다고 하셔서 업무를 다 받았어요. 그러면서 많이 피폐해졌죠. (웃음)

많은 고객과 작업을 하셨으니까 지금은 수주에 대한 불안 같은 건 없으시겠어요.

네, 없어요. 처음부터 고정 고객이 없어서 그런 건지. 그래도 고정된 수주가 하나쯤은 있어야 하지 않나 하는 불안함은 없어요. 프리랜서가 할 말은 아니지만. (웃음)

프리랜서에게는 업무 수주가 가장 중요하고 또 어려운 일이라고 생각해서 그 질문을 드리려고 했는데 워낙 고객이 많으셔서.

지금은 없어요. (웃음) 처음에만 그랬고.

지금은 스스로 조절을 해서 그런 거죠.

네, 하기 싫은 건 안 하게 돼요.

하지 않게 되는, 하기 싫은 작업은 어떤 건가요.

먼저 메일부터가 달라요. 보내온 메일부터 나는 누구고, 어떤 걸 봤고, 어떤 책을 언제까지 진행할 예정이라고 전해오시는 분을 보면 이 분과 작업을 해야지 하게 되는데, 무작정 '포트폴리오 보내주세요'라고 하는 경우가 있어요. 자신이 누군지 밝히지도 않고. 그런 경우에는 꺼리게 돼요.

나는 누구라는 걸 빠트리고 작업에 관해 얘기하는 게 흔치는 않을 거 같은데요.

생각 외로 많아요. (웃음)

습관 같은 걸까요.

급하신 거 같아요. '안녕하세요'도 다 빼고. (웃음)

예전에 브런치에서 '클라이언트들의 용어 정리'라는 글을 본 적이 있어요. 추상적인 클라이언트의 언어에 대한 글이었는데, 프리랜서 생활을 하시다 보면 클라이언트가 표현하는 말이 실제로는 어떤 의미인지 익숙하시겠어요.

유명한 거 많죠. '세련되지만 올드한 느낌이 나게 해

주세요'라든지 '이거 별거 아니잖아요'라고 하는. 처음 디자인을
할 때는 아무것도 몰랐어요. 하지만 프리랜서를 할 때는 연차가
쌓여서 괜찮았어요. 프리랜서여서라기보다는 업무 경험을 통해서
알게 되는 거 같아요.

**좋은 고객은 어떤 고객인가요. 클라이언트에게 주는 조언이라고
생각하시고 얘기하신다면요.**

사람마다 다를 테지만 저는 디자이너를 그냥 내버려두지 않는
클라이언트가 가장 좋은 클라이언트라고 생각해요. 계속해서
과정에 참여하는 클라이언트를 좋아합니다.

**오해하는 클라이언트도 있지 않을까요. 너무 잦은 관여가 생길 수도
있을 거 같은데요.**

그런 생각들을 하시더라고요. 디자인을 디자이너 마음대로
하는 걸 좋아할 거라고 생각을 하시는데 책 같은 경우는 편집자가
가장 잘 알잖아요. 전 편집자의 눈이 아닌 디자이너의 눈으로
책을 바라보게 되니까 책을 기획한 사람과 직접 대화를 하는 일이
제겐 무척 중요해요.

의견 교환을 많이 하는 고객이 좋은 거네요.

의견 교환이 많고, 디자이너와 대화할 때는 말보다는 시각적인
자료로 주시는 분들이 좋아요. (웃음)

혹시 선호하는 분야의 책이 있으신가요.

실용서와 학술서를 제외하고 다 좋아해요. (웃음) 글만 있는 걸 좀 더 선호하는 편이에요. 디자이너 입장에서는 이것저것 요소가 많아서 기교를 부리면 재미는 있지만, 제가 작업하고 싶은 책은 클래식한 책이에요.

학술서도 거기에 들어가지 않나요.

네, 그런데 학술서를 싫다고 한 이유는 과정이 좀……. (웃음) 책도 좋아하고, 책을 디자인하는 일도 무척 좋아해요. 문제는 일의 과정을 겪다 보면 왜 이렇게 해야 하나 (웃음) 이렇게 안 하면 더 좋은 게 나올 수 있는데 그러다 보니 출판 일에 반감이 좀 생기기도 해요. 그런데 여전히 책 디자인하는 건 좋아요. 페이지 번호를 어디에 어떻게 넣어야 할까 고민하는 것도 좋고요.

혼자 작업하는 데서 오는 어려움이나 힘든 부분은 없나요.

대기업을 다니다가 나오신 분 같은 경우에는 혼자 결정해야 하는 게 힘들다는 답변이 나올 수도 있을 텐데, 제가 다녔던 회사에서는 팀장이 있고, 팀원들이 있는 그런 팀다운 팀이 없었어요. 대부분 혼자 작업을 했고 그러다 보니까 혼자 한다는 두려움 같은 건 거의 없었어요. 오히려 자유롭다, 좋다는 느낌이었어요. 만약 제 위로 상사가 있고, 제가 어떤 팀에 소속되어 있었다면 하나하나 스스로 결정을 내리는 것에 대한 두려움이 있었을 것 같긴 해요.

그래도 직장인이었다면 동료들과 함께 힘든 부분에 관해 얘기하거나, 어려운 부분을 상사에게 물어본다거나 할 수 있을 텐데 그런 점이 아쉽지는 않나요.

저는 오히려 회사는 일하러 오는 곳인데 왜 사람들과 어울려 지내야 하나 싶은 생각이었어요. 그래서 혼자 하는 생활에 만족도가 꽤 높은 편이에요.

직장을 그만두고 프리랜서를 하겠다고 했을 때 주위 반응은 어땠나요.

아주 긍정적이었어요. (웃음) 부러워하는 친구도 있었고……. 다들 '회사는 도대체 뭘까' 하며 직장생활을 하던 터라.

직장이 왜 이렇게 됐을까요. (웃음) 요즘 들어서 직장에 대한 냉소가 점점 더 많아지는 것 같더라고요.

이상한 군대식 문화가 자리 잡고 있는 것도 있고, 절대적인 수직관계랄까요? 일단 그런 관계에서 오는 딱딱함도 그렇고, '님'이라는 호칭이 붙는 위치에 올라서게 되면 엄격한 문화가 저절로 따라오는 것 같아요. 좋은 것이 나와도 위에서 아니라면 아닌거고, 그에 따른 암묵적인 '시키는 대로 해' 같은. (웃음)

프리랜서 생활을 하면서 가장 어려운 점은 무엇이었나요.

프리랜서로 생활하면서 어려운 점보다는 프리랜서
디자이너로서 어려운 점은 있었어요. 제 디자인이 완전히
부정당했을 때, 그때는 제대로 무너졌던 거 같아요.

**완전히 부정당했다는 건 작업한 시안에 대해서 고객이 모두 거부한
경우인가요.**

그런 표현이나 오가는 대화가 서로 거칠게 반영됐던 거죠.
이럴 때는 사람이 무너지는구나 싶었어요. 옆에 동료나 상사가
있었다면 괜찮았을 거 같은데 프리랜서는 혼자 하다 보니까 그게
온전히 내 탓으로만 되는 구조인 거잖아요. 거기서 오는 자괴감
같은 게 있었어요.

인간관계에서 오는 문제라고 할 수 있을까요.

사람과의 관계라기보다는……. 업무적으로 '왜 이렇게 하지?'
라는 의문이 들 때가 있는데, 그런 상황에서 제 일마저도 완전히
부정을 당하고 보니 그때는 정말 혼자 하는 게 힘들구나 싶었어요.

작업에서 가장 중요시하는 점은 무엇인가요.

프리랜서로 작업하면서 가장 중요하게 생각하는 점은 아까
잠깐 말씀드렸는데 기본적인 예의라고 생각해요. 그렇게 얘기하면
너무 심심한 답변인 거 같기는 한데, 작업을 의뢰하는 고객이
처음부터 내가 누구임을 밝히고, 어떤 식으로 작업하고 싶은지를

이야기하고 많은 대화를 하면서 작업을 하는 게 가장 중요한 것 같아요.

앞에서 수주에 대한 불안은 없다고 얘기를 하셨지만 일이 정기적이지 않기 때문에 생기는 스트레스는 없나요.

모든 프리랜서가 그럴 거 같은데 일이 꼭 없을 때는 없다가 있을 때는 한꺼번에 몰려요.

출판업의 특성상 주된 출간 시기와 관련이 있을 수도 있겠네요.

그런 영향이 가장 클 거예요. 이번 겨울엔 몹시 추웠잖아요. 그럴 때는 없고, 여름에는 또 휴가 가시느라 없고 그렇더라고요. 그러다 봄엔 많고. (웃음)

일이 없을 때는 아무래도 속 편하게 살지는 못하니까 압박감이 있죠. 잠을 못 잘 때도 있고, 당장에 돈이 없거나 하는 게 아닌데도 '왜 일이 안 들어오지?' 싶을 때는 좀 압박감이 있어요. 그런 걸 혼자 견뎌내야 한다는 게 가장 어려운 거 같아요.

프리랜서는 본인이 사장이잖아요. 매출이 없는 기간에는 스트레스가 크죠.

거기다가 나라에서도 제 일을 인정해 주지 않을 때 스트레스가 최고조가 돼요. (웃음) 회사 다닐 때보다 더 많이 버는데 (웃음) 조금의 도움도 받을 수 없어요.

사업자등록을 하면 좀 다를까요.

그렇지 않아도 개인적으로 사업을 시작할까 싶어서 최근에 등록했어요. 디자인은 서비스업에 들어가거든요. 사람들이 착각하는 '너는 네 거를 하잖아', 바로 그 '네 거'를 한번 해보려고요.

출판과 관련된 건가요.

뭐가 될지는 아직 모르겠어요. (웃음)

제조업으로 등록하신 건가요.

도소매로 등록했어요.

일단 폭을 넓게 잡고 가는 거네요. (웃음)

네, 서비스업도 넣고. (웃음)

뭔가 새로운 걸 그려나가는 중이시군요.

'나도 내 콘텐츠를 한번 만들어보자' 하고 있어요.

새로 작업실도 내고 사업자도 내셨는데요, 도소매로. (웃음) 어떤 계획을 하고 있으신가요. 책 디자인 작업은 좀 축소되는 건가요.

일단 책 디자인은 계속할 거 같아요. 책 디자인이 좋고 싫고를 떠나서 그만하고 싶다는 생각에 중간에 멈춰보기도 했지만…….

저 역시 그나마 가장 좋은 것이 책 만드는 일인 듯해요.

그리고 제 콘텐츠를 제 작업으로, 제 디자인으로 한번 만들어 보고 싶은 게 꿈이에요. 한을 풀겠다는 마음으로요. (웃음)

형식이나 분야는 정해지지 않은 상태군요.

아마 상품화가 된 제품일 거 같기는 해요. 팔 수 있는 걸로, 여러 가지가 있을 텐데 내 콘텐츠로 만든, 내가 기획한, 내 디자인을 만들어 보고 싶어요. 얘기하다 보니 저는 기획자이자 디자이너로 살고 싶어 하는 거 같아요.

앞으로 어느 단계에서는 책 디자인보다는 본인의 콘텐츠를 만드는 데 힘이 더 실릴 수 있겠네요. 제가 만약 나중에 책 디자인 의뢰를 드리려고 하면 "바빠서요"라고 하실지도 모르겠어요. (웃음)

굉장히 도도한 느낌인데요. (웃음)

친근하게 얘기하자면 "요즘 좀 바빠서요" 정도로. (웃음)

생존법을 깨달았다고 해야 하나요. 요즘 세상에 생존하려면 내 것이 있어야 한다는 생각이에요. 이렇게 수주만 받아서는 절대 살아남지 못한다는 생각이 들어요.

'생존법을 깨달았다. 생존하려면 내 것이 있어야 한다'가 인터뷰 타이틀이 될 수도 되겠어요. (웃음)

그렇게 얘기하니 굉장히 의욕 있고, 포부 있어 보이는데 사실 그렇게 의욕이 넘친다거나 그런 건 아니고 생각만 하고 있어요. (웃음)

어떻게 보면 프리랜서로 변화하고, 또 그 생활을 통해 내 것을 만들자는 도전에 이르게 된 게 아닌가 싶기도 합니다. 계속 변화하는 중이신 거네요.

말씀을 들으니 그러네요. (웃음) 책 디자인이 좋아서 공부했고, 꿈처럼 회사에 들어가 책을 만들기 시작했고, 혼자서 일을 해보고 싶어서 프리랜서가 되었고요.

저에게 변화는 내 멋대로 내 것을 하고 싶어 하는 철없는 욕심으로 꽉 채워진 듯 보여요. 한편으로는 이렇게 계속해서 철이 없어야만 새로운 무언가를 좋아하고 가지고 싶어 하는 저를 유지할 수 있는 것 같기도 하고요. 그리고 이왕 하는 변화라면 저 자신이 발전하고 성장하는 변화였으면 좋겠네요. 제발. (웃음)

'철없는 욕심'이라는 표현 좋네요. 싱그러운 느낌이에요. 혹시 어떻게 살고 싶다든지, 꿈꾸는 삶이 있으신가요.

되게 일차원적인데요. 제가 무척 좋아하는 가구 디자이너가 있거든요. 당장은 그분의 오리지널 의자를 사서 거기에 앉아 있는 게 꿈이에요. 작지만 저만의 공간을 얻어서 그곳에 제가 좋아하는 아주 비싼 의자를 놓아두는 거죠.

의자가 굉장히 비싼 건가 봅니다. (웃음)

그리고 정말 갖고 싶어 하는 턴테이블이 있어요. 그것도 아주 비싼데……. (웃음) 그거 들으면서 있고 싶어요. 꿈꾸는 삶이 너무 물질적인가요. (웃음)

물질이라는 게 상징하는 바가 있잖아요. 남들에게 보여주고자 하는 물질도 있지만 얘기해주신 내용은 오롯이 나에게 투영되는 물질로 느껴져요. 나를 위한 행복한 느낌으로 전달됩니다.

상상만 해도 좋네요. (웃음)

디자이너로서 좋은 디자인은 무엇인가요.

제가 생각하기에 좋은 디자인은 사용자를 위한 디자인이요. 뻔하고, 누구나 예측 가능한 답이지만 보기에만 좋은 건 절대 좋은 디자인이 아니라고 생각해요.

책 디자인은 어떤가요.

제가 디자이너지만 디자이너만 생각하는 책은 나쁘다고 생각해요. 만약 어떤 책이 정보를 전달하는 데 있어 페이지가 중요한 역할을 하는데 페이지 번호가 안쪽에 있다면 그게 디자이너 눈에는 특이하고 신선할 수 있겠죠. 하지만 보는 사람 입장에서는 굉장히 불편하죠. 저는 개인적으로 기교가 없는 단순한 디자인을 선호하는 편이에요.

선호하는 디자인이 곧 독자를 위한 디자인이라고도 할 수 있겠네요.

　실제로 디자인된 제품을 직접 사용하게 될 사람이 가장 중요한 거 같아요. 책으로 놓고 얘기해 보자면 독자가 장년층이면 당연히 글자가 커야 하잖아요. 그걸 나쁜 디자인이라고 할 수는 없지요.

앞에서 프리랜서로서 얻는 것과 잃는 것에 관해 얘기했었는데 누군가가 프리랜서의 장단점을 묻는다면 뭐라고 얘기해주실 수 있을까요.

　그건 질문하는 사람이 어떤 사람이냐에 따라 다를 거 같아요. 프리랜서다 보니까 항상 그런 질문을 받거든요. 친구를 예로 들자면 항상 옆에 친구가 있는 애들에게는 경제적인 부분보다 혼자 있어야 한다는 점을 더 많이 얘기하는 편이고, 회사에 다니는 친구에게는 경제적인 단점을 얘기하는 편이에요. 그런데 저 자신에게 있어서 장점은 혼자만의 자유가 있는 것이고, 단점은 일이 항상 있는 건 아니다, 돈이 항상 있는 건 아니다. 이 정도로 정리해 볼 수 있을 거 같아요.

그 사람이 힘들어 할 수 있는 부분에 대한 적절한 답변이네요. '혼자 있을 수 있어서 좋아요'가 장점이 될 거라고는 생각을 못 했어요. (웃음) 그래서 프리랜서가 잘 맞으시나 봐요.

　네, 저는 잘 맞아요.

인터뷰 제목이 '나를 닮은 일'입니다. 디자인 작업이 나와 어떤 점이 닮아있다고 생각하시나요.

단순한 건데요. 제가 작업한 시각적인 이미지를 보고 저를 봤을 때 '너 같네!' (웃음) 라는 표현을 자주 듣는 편이에요. 색깔, 명조, 사이즈, 심지어 하시라(쪽 표제)마저 저를 닮았다는 소리를 들은 적이 있어요. (웃음)

인터뷰 취지와 굉장히 잘 어울리시네요. (웃음) 사람마다 어울리는 느낌이랄까, 어울리는 일이 있는 거 같아요.

그런 말을 들으면 좋더라고요. 모르는 사람인데도 통성명을 하다가 "디자이너시죠"라고 물어보는 경우가 있었어요. 나이를 한 살 한 살 먹어가면서 일에 대한 이미지가 제 얼굴에 나타나는 거 같아요.

어른들이 말씀하시는 '네 얼굴은 네가 책임진다'는 게 이런 건가 싶기도 하고. (웃음) '너의 모습이 너를 말해준다'는, 그 말 되게 좋아해요. 내가 좋아하는 색깔, 내가 쓰는 펜, 그런 것들이 모두 다 나를 말해준다고 생각해요.

앞으로 어떤 콘텐츠를 만들어 가실지 궁금하고 기대가 되네요. 즐거운 과정이 되기를 바랍니다.

연기하는 김윤희
배우

하시는 일과 자기소개 부탁합니다.

제 직업은 배우고요. 김윤희입니다.

배우 이전에는 프로파일러로 일하셨어요. 프로파일러도 일상에서 쉽게 만날 수 있는 직업군은 아닌데다가 프로파일러에서 배우로 변신하셨기 때문에 정말 드문 사례가 아닌가 싶습니다. 배우를 선택하게 된 계기가 있나요?

항상 긴장하며 살아서 역동적인 취미를 많이 가졌었거든요. 암벽등반도 하고 패러글라이딩도 해보고요. 그럼에도 내가 살아있다는 느낌을 받지 못했어요. 그러다 우연히 보게 된 뮤지컬에서 연기하는 배우들을 보는데 숨이 편안하게 쉬어지더라고요. 나도 저렇게 살고 싶다는 생각이 들었어요.

편안한 느낌이라는 게 전율과 다른 건가요?

전율이죠. 전율이긴 한데 숨은 편하게 쉬어지는 거예요. 전율이 느껴지면서 큰 숨이 내게 들어오는 거죠. 그때 숨을 쉬면서 살고 있다는 걸 처음 느꼈어요. 그전에는 내가 숨을 쉬며 산다는 걸 몰랐어요. 생각해 본 적도 없었으니까요.

공연에서 받은 감동이 계기가 돼서 직업을 바꿀 생각을 하게 된 건가요.

그때부터 갈등이 시작됐어요. 3년 가까이 고민을 하면서 공연만 찾아다녔어요. 그렇다고 프로파일러 일을 싫어했던 건 아니에요.

적성에도 맞았고 소질도 있었고 일도 재미있었어요. 지금도 누가 제일 잘할 수 있는 일이 뭔지 물어보면 프로파일러라고 할 거 같아요.

프로파일러에 적합한 소질을 가졌다고 평가를 하시면서도 직업을 바꾸게 되었는데요. 개인적으로 느끼는 프로파일러와 배우의 차이는 무엇일까요.

프로파일러는 항상 긴장하고 집중해야 해요. 연기도 물론 집중해야 하지만 배우는 뭔가 이완되고 나를 더 크게 만드는 게 있어요. 프로파일러는 안으로 깊이 들어가는 직업이라고 한다면 배우는 더 넓어지는 느낌이에요. 모든 것들이 마지막까지 가면 깊어지고 넓어지겠지만, 저에게는 배우가 그랬어요.

배우가 되고 싶다는 바람만으로 직업을 바꾼다는 게 사실 잘 와 닿지는 않습니다. 프로파일러 일을 싫어했던 것도 아니고, 소질은 더 적합하기도 하고. (웃음) 프로파일러 때는 살아있다는 걸 느끼지 못했다고 하신 부분에 오히려 직업을 바꾼 계기가 숨어 있지 않나 싶기도 합니다. 서울지방경찰청 과학수사계 범죄분석팀에서 5년간 프로파일러로 활동하셨다고 들었어요. 프로파일러의 활동에 대해 잠깐 얘기해 주실 수 있으신가요. 대략 짐작하기에도 직업 특성상 스트레스가 클 거 같은데요.

프로파일러를 하면서 가장 힘들었던 건 만나야 하는 사람들이 행복한 사람들이 아니라는 점이었어요. 주로 만나는 사람들이 범죄자, 피해자, 참고인이었으니까요. 그런 사람들을 만나다 보면 어쩔 수 없이 저도 그 사람이 돼요.

그 사람들의 사연 속에 같이 있는 거잖아요. 일반 사람들은 평생 한 번 접하기도 어려운 일들이 주변에서 계속 일어나고 있는 느낌일 거 같아요.

그전까지는 철저하게 일이라고 생각했었어요. 그러다가 아이들 시신을 한꺼번에 본 적이 있는데, 그때는 다르게 다가오더라고요. 그래서 반성하게 됐어요. 한 사람의 생명인데 일처럼 바라봤구나 싶었어요.

프로파일러들은 보통 자살 사건에는 나가지 않는데 이슈가 되는 자살 사건이라든지 자살인지 타살인지 모호한 사건에는 나가거든요. 당시에 자살 사건이 많았어요. 가족 동반 자살, 연예인 자살도 많았어요. 자살 현장에 가는 건 타살 현장과 또 다른 느낌으로 다가와요.

결정적이었던 건 사촌오빠의 자살이었는데 가족의 죽음을 보는 게 이런 거구나, 나는 계속 이런 걸 보고 살았구나 싶었어요. 억눌렀던 감정이 한꺼번에 터지고 나니까 일이 너무 힘들어지더라고요.

스트레스가 큰 시기였겠네요.

프로파일러도 팀으로 움직이고 프로파일러뿐만 아니라 담당 형사도 있기 때문에 혼자 다 해결해야 하는 건 아닌데 당시에는 책임감을 많이 느꼈었어요. 잠시 팀에서 벗어나 있기도 했지만, 근본적인 해결책이 되지는 않더라고요.

밑바닥 근무를 하면 좀 나아질까 싶어서 지구대를 갔었는데 거기는 또 다른 환경이더라고요. 제가 만나서 인터뷰했던 범죄자들은 강도, 살인, 연쇄 강간, 소위 악독한 범죄자들이었다면 지구대에서 만나는 사람들은 우리가 주변에서 흔히 볼 수 있는 사람들인 거예요. 시비 걸고, 술 먹고 행패 부리고 이런 사람들.

그들의 삶을 보면서 나는 여태까지 책상머리 프로파일링을 했구나 싶었어요. 프로파일러 때는 '나도 힘들다'는 거였다면 지구대에서는 '내가 이들에게 아무것도 해줄 수 없다'는, 그들의 생활을 바꿀 수 없다는 데서 오는 무력감이 컸어요. 그리고 이 무력감을 해소할 수 없을 거라는 확신이 들었어요.

변화를 만들어 내고 싶은 마음이 컸네요.

그때는 욕심이 많았나 봐요. 누군가의 삶에 영향을 주고 싶었던 거 같아요. 그게 얼마나 어리석은 건지는 나중에 깨달았어요. 누구를 변화시키는 것뿐만 아니라 나도 변하고 싶은데 이 안에 있으면 여전히 똑같은 나로 살아갈 것 같은 느낌이 들었던 거죠.

그러다 뮤지컬을 보게 됐는데 열정을 발산하는 듯한 느낌이 좋았어요. 그들이 저에게 '너는 변해야 해', '뭘 해야 해'라고 얘기하는 것도 아니고, 어떤 말도 하지 않았는데도 전해지는 그들의 메시지가 좋았어요.

'저렇게 살고 싶다'는 고민을 하면서 3년을 버텼고, 그러던 중에 큰 수술을 받게 됐어요. 수술대에 누워서 어떤 삶을 살아야 할까 생각했는데 '이번 생은 그냥 한번 도전해보자', 그게 결론이었어요.

먼저 자신의 변화를 시도하게 된 거네요.

가슴이 시키는 일, 이런 말을 정말 싫어했었는데, (웃음) 궁지에 몰려 바닥까지 내려가고 나니 가슴에서 하는 소리가 비로소 들리더라고요. 울림처럼 나를 움직이게 하는 힘이 있었어요.

'행복한 삶은 무엇인가?', '나 자신은 어떤 사람인가'라는 셀프 프로파일링의 결론으로 배우를 선택하게 됐다는 인터뷰를 본 적이 있어요.

셀프 프로파일링이라는 단어는 제가 써본 건데, 지금은 누군가가 '네가 원하는 게 뭐야'라고 물어보면 방향을 찾아갈 때 다른 방법을 제시해 줄 수도 있겠지만, 그때는 제가 알고 있는 거라고는 프로파일링이 다였어요. 매일 다른 사람만 분석했는데 어느 순간 저라는 사람을 모르겠는 거예요. 그래서 그럼 내가 셀프 프로파일링을 해보자 싶었던 거죠.

내가 원하는 게 뭔지에 대해, 지금의 제 정보는 타인에 의해 퇴색된 게 많거든요. 그래서 어린 시절에 좋아했던 것들은 무엇인지, 생각나는 이미지는 뭐고 행복했던 때는 언제였는지, 그리고 왜 배우가 하고 싶은지, 내가 꿈꿨던 직업들이 뭔지, 이런 것들을 다 적어놓고 생각날 때마다 매일 적었어요.

저는 끈기가 없는 사람인가 싶었는데 그게 아니라 성장 욕구가 강한 사람이더라고요. 그러다 보니까 항상 새로운 걸 꿈꾸고 찾는 사람이었던 거죠. 결국, 내가 행복해지려면 나를 변화시키는 일을 해야겠다 싶었어요. 배우는 한 사람이 아니라 여러 사람을 통해 성장해야 하니까 그래서 내가 배우를 꿈꿨던 거구나 그런 결론에 도달했어요.

저라는 사람은 보이는 것보다 보이지 않는 것에 대한 욕구가 더 강하다고 해야 하나. 소위 말하면 돈에 대해서는 다른 사람보다 관심이 덜하지만 다른 사람이 주는 에너지, 말에 민감한 사람인 거예요. 그러니까 상처를 받는 것도 제 특성인 거였죠.

프로파일링이 그렇게 분석하는 건가요.

프로파일링은 사건 현장에서 유·무형의 증거를 보고 범인 상을 추정하는 거예요. 현장에는 정도의 차이는 있지만, 범인의 특징이 드러나게 되거든요.

그 사람이 움직이는 동선을 살피다 보면 우리가 일반적으로 하는 행동과 다른 특이한 사항들이 발견돼요. 사건 현장마다 다르지만, 어느 지점에서 과한 시간을 쓴다든지 시간대가 특이하다든지 장소 위치 선정이라든지 그런 것들을 통해 범인

상을 추정해요.

그리고 범인이 검거되면 면담을 하는데 면담 전 그들에 관한 간략한 정보를 파악해서 전략을 짜기도 하죠. 그리고 면담을 통해 얻은 정보들로 그들을 정밀하게 분석하고요. 범인들을 분석할 때 모든 정보를 나열하고 분류하고 유형화해서 분석하거든요.

그렇게 저라는 사람을 나열해서 셀프 프로파일링을 한 거죠. 저라는 사람은 예민하고, 숫자를 싫어하고, 덧붙이는 말이 많은 사람이더라고요.

숫자요? 공대 스타일은 아니시군요. (웃음) 자신에 대해 알아보는 기회를 가진다는 건 참 중요한 일인 거 같아요.

제가 예전에 연극영화과 입시 준비하는 아이들 면접 연습을 봐준 적이 있는데요. 그때 아이들이 다 똑같은 답을 하더라고요. 그래서 제가 했던 것처럼 간략하게 셀프 프로파일링을 하게 했어요. 처음에는 아이들이 그런 걸 너무 힘들어하니까 좋아하는 걸 적어오라고 했는데 시각적인 걸 좋아하는 아이는 시각적인 걸 위주로 적어요. 어떤 아이는 냄새에 대해서 적고요. 각자 각인되는 게 다르거든요. 아이들에게 힘들 때 그런 걸 많이 활용하라고 해요. 소리에 민감한 아이들도 있고, 음식이나 물질만 좋아하는 아이들도 있고요. 그런 걸 알게 되면 아이들에게 다가가는 데 도움이 돼요.

이번 생은
그냥 한 번
도전해보자

네?
　　　나 좀.. 도와줄래요?

경/20 N. 과거. 홍원동 또 다른 거리일각

뒤듯이 걷고 있는 진우의 뒤를 숨이 턱

　　　(연신 주변을 두리번거리며)어
　　　(그 어떤 감정도 느껴지지 않
　　　(안타까운)빨리 찾아야 될텐데

하는데, 저쪽에서 들려오는 껑껑거리는
어두운 공터에 낑낑거리고 있는 하얀

　　　저 게 아니에요?

프로파일러를 그만둔다고 했을 때 주변 반응은 어땠나요?

그만둘 때 정말 많은 고민을 했어요. 주변에서는 모두 말리셨어요. 경찰을 그만뒀다가 다시 들어온 분이 계셨는데 나가보니 너무 힘들더라고 하셨어요. 그런데 그때는 이상하게도 그런 얘기가 하나도 들어오지 않더라고요.

제 동생도 경찰인데 동생이 "언니, 안 되면 내가 벌어 먹일 테니 해봐"라고 했어요. 적극적으로 공감해 준 유일한 사람이 동생이었어요. 제가 큰 수술을 받고 두 달 정도 병가를 냈거든요. 그때 많은 생각을 했어요. 그리고 병가가 끝나는 날 아무도 모르게 사직서를 냈어요.

경력과 관련된 다른 걸 하라는 얘기도 많이 들었어요. 그만둘 거면 강의를 해라, 뭐 그런.

사회적으로 안정된 직업을 먼저 권하게 되겠죠?

아무래도 그렇죠.

배우는 명확한 과정을 거쳐서 되는 게 아니잖아요. 시험이나 자격이 있는 것도 아니고, 그런 의미에서 불안함은 없었나요.

지금처럼 배우에 대한 시스템을 잘 알았다면 3년이 아니라 5년, 7년 고민을 했을 거예요. 그때는 배우에 대해 잘 몰랐고, 주변에 물어볼 만한 사람도 없었어요. 막연하게 하고 싶다는 거 하나밖에 없었어요. 그래서 무작정 입시 준비를 했어요. 대학 입시에 다 떨어지고 대학원 입시를 봐서 홍대 대학원 뮤지컬 학과를 갔어요.

저는 정말 평범한 사람이에요. 거기다 몸치이기도 하고요. 아마 대학원에서도 저를 작가나 스태프로 생각하고 뽑지 않았나 싶어요. 나중에 동기들에게 들어보니 '저 사람이 여기 왜 왔지?'라는 생각을 했다고 하더라고요.

학교가 도움이 많이 되었나요.

저에게는 도움이 많이 됐어요. 배우들을 가까이에서 보니 나와는 다른 부류라는 걸 처음부터 알겠더라고요. 복도에서 자유롭게 턴 돌고 노래 부르고 하는 걸 보고 굉장히 놀랐거든요. 그들과 함께 지내면서 제 몸에 배어있던 딱딱한 껍질들이 하나씩 벗겨지는 느낌이었어요.

자유로워지는 느낌인가요.

네, 저한테는 학습이라는 것보다 제 안에서 자유를 찾는 게 더 중요했고 제가 이완되는 게 더 중요했거든요.

안에서 변화가 이루어지는 거네요. 그게 먼저일 거 같기는 해요.

그게 훨씬 더 중요한 요소인 거 같아요. 그 과정이 오래 걸리기는 했어요. 제가 프로파일러를 그만둔 지 5년 됐지만, 올해 초가 되어서야 비로소 편안해졌어요. 이 분야에서 성공해야 한다든지, 잘 돼야 한다는 데에서 못 벗어났었거든요. 그런데 어느 순간부터 저 자신에게 '괜찮아, 잘하고 있어'라고 얘기하게 되더라고요. 늘 계획에 맞춰 살았는데 제 안에 변화가 생기면서 연기력도 좋아지기 시작했어요.

처음에는 오디션도 거의 안 봤어요. 다니던 직장을 때려치우고 나왔으면 훨씬 적극적으로 할 거 같은데 그게 안 되더라고요. 완벽한 모습으로 연기하고 싶고 노래를 하고 싶으니까 지원서도 안 넣고 제가 정말 잘 소화할 수 있다고 생각되는 데에만 지원서를 넣었어요. 지금은 어차피 내가 할 수 있는 걸 하자는 생각이에요. 그들이 '날 좋아하면 뽑고 아니면 말고'라는 생각으로 지원서를 다 넣고 있어요.

그것도 크게 달라진 부분이네요.

처음에는 일을 통해 저를 보여주고 싶었어요. 일을 통해 김윤희라는 사람이 이렇게 대단하다는 걸 보여주고 싶었어요. 프로파일러는 사실 개인이 성과를 낼 수 있는 것도 많아요. 프로파일러로 일했던 당시에 제 모습을 돌이켜보면 초기에는 꽤 재수 없는 스타일이었을 것 같아요. (웃음) 혼자 완벽하게 해내려고 하고, 그러다가 어느 순간부터 일로서 나를 보여주는 것이 전부가 아니라는 생각을 하게 됐어요. <u>일은 나를 대변하고 완성하게 하는 것이지 일이 내 전부가 될 수는 없다.</u>

제가 프로파일러를 그만뒀을 때 집안이 살얼음판이었어요. 사실 저희 부모님은 제가 법조계로 가기 원하셨거든요.

프로파일러를 한다고 할 때는 그나마 크게 반대하지 않으셨는데 그마저도 그만두고, 다시 시작하는 일로 배우를 선택했다고 하니 많이 실망스러우셨나 봐요.

부모님이 보시기에는 정말 생각도 못 했던 방향이었겠어요.
일탈이죠. 사춘기 때도 속 한 번 썩인 적 없었는데 뒤늦게, 결혼도 안 하고 모아둔 돈도 없이 왜 저러나 하셨을 거예요. (웃음) 그때는 부모님을 뵙는 것도 힘들었어요. 그래서 그랬는지 기어코 성공하고 말겠다는 게 있었어요. 최근에는 좀 풀리셔서 전화를 하면 "백수 잘 있어?"라고 하세요. 대화에 유들유들함이 생겼어요.

부모님도 예전에는 딸을 일과 동일시했지만, 지금은 딸로서 보게 되신 거 아닐까요.
아마도 그러신 거 같아요. 우선은 제가 많이 변했어요. 예전에는 까칠한 딸이었거든요.

부모님의 변화도 딸이 행복해한다는 느낌 때문인 거 같네요.
아직 불안해하시기는 하는데……. (웃음)

그건 어쩔 수 없겠죠. (웃음)
어렸을 때 시험 성적에 따라 칭찬을 받기도 하고, 혼도 나고 하니까 공부를 잘해야 부모님께 인정받고 사랑받는 거로 생각했었어요. 그렇게 예쁜 얼굴도 아니고 사교적이지도 않았기 때문에 대학에 가서도 나를 드러내는 게 공부였어요. 졸업 후에는 일이었고요. 어떻게 보면 <u>저의 본질이 아니라 결과물에 대해서 집착을 많이 했던 거죠.</u>

많은 사람이 그럴 거 같아요. 인정욕구이기도 할 텐데, 결과 중심의 사회이다 보니 결과에 더 집착하게 되는 거 같아요. 시험이나 점수와 같은 측정할 수 있는 것에 의존하기도 하고요.

   그런 점에서 배우라는 직업은 본질에 더 충실해야 할 수 있는 일이더라고요. 내가 너무 많으면, 내가 잘하려고 하면 오히려 그때부터 어긋나게 돼요. 서 있는 것만으로도 연기가 되고 대사를 가슴으로만 읽어도 연기가 된다는 걸 조금씩 알아가고 있어요. 그다음부터는 뭘 잘하려고 하는 게 의미가 없더라고요.

그건 경험해 본 사람만 알 수 있을 거 같아요.

   굉장히 행복해져요. 저도 몰랐어요. 이렇게 행복이 찾아올 수 있다는 걸 상상도 못 했었어요. 배우라는 일 자체도 그랬지만 만나는 사람들로 인한 게 제일 컸어요. 사람들이 저를 많이 바꿔줬죠. 여러 사람을 만나면서 좀 모자라도 되는구나, 못해도 되는구나 생각하게 되면서 많이 여유로워졌어요.

드라마 「시그널」의 자문 겸 보조작가셨잖아요. '홍은동 살인사건'의 첫

번째 피해자 역할로 출연도 하셨어요. 그게 첫 작품이신 건가요?

네, 무대는 그전에 했었는데 방송은 처음이었어요.

배우라는 일을 이른 나이가 아닌 시기에 도전하게 된 거잖아요. 제2의 도전이 갖는 불안함이 있었을 거 같은데요.

처음에는 진짜 힘들었어요. 경찰 때도 밑바닥 생활, 막내 생활을 많이 했었지만, 그보다 더 바닥에서 다시 시작해야 했으니까요. 그나마 경찰은 조직으로부터 지원을 받을 수 있는 게 많았는데 여기서는 소속사도 없이 달랑 혼자, 지금은 맷집이 좀 생겼지만, 그때는 너무 두려웠어요.

환경이 낯설어지면 많은 것들이 힘들게 다가오죠.

불안해지다 보니까 과잉된 행동도 많이 하게 되고 스트레스가 심했어요. 더 잘해야 한다는 생각을 하다가도 모든 게 다 싫어지기도 했어요. 「시그널」 막바지 작업하고 대본이 거의 다 나왔을 때 집에 들어가서 아무것도 안 했어요. 어떡하면 편하게 죽을 수 있지라는 생각도 했어요. 태어나서 죽는다는 생각을 한 번도 해본 적이 없는데 그때 처음 했었어요.

자신에게 완벽함을 강요했던 건 아니었을까요? 도전만으로도 쉽지 않은 일이었을 텐데요.

프로파일러 때는 이 일 말고 다른 걸 할 수도 있다고

생각했어요. 이 조직이 싫고 이 일이 싫어지면 나중에 공부도 하고 다른 뭐라도 하면 된다는 여유 같은 게 있었는데 그때는 너무 위축돼서 저 자신이 아무것도 아닌 존재처럼 느껴졌었어요. 내 인생은 여기서 끝났다는 생각이 들더라고요.

그러다가 어느 순간 밖으로 나가 사람들을 만나기 시작했어요. 힘들다는 얘기는 하지 않고, 무작정 제가 좋아하는 사람들을 만나서 수다 떨고 좋은 얘기만 나눴어요. 그 이후로 무대에도 서고 좋은 사람들을 만나고 하다 보니까 어느새 자신에게 좀 여유를 주게 됐고요. 이제는 그런 말도 편안하게 할 수 있고 그때 왜 그랬는지 이해할 수 있게 됐어요.

일을 선택하는 데 있어 사회적, 경제적 요인을 무시할 수는 없을 텐데요. 돈보다는 에너지에 영향을 받는다고 하셨지만, 자신이 원하는 일을 선택하는 데 있어 가장 어려움을 겪게 되는 지점이 먹고사는 문제가 아닐까 생각되는데요.

솔직히 그때는 자신감이 넘쳤어요. 뭐든지 다할 수 있다고 생각했어요. 공무원이다 보니까 경제적으로 힘들다는 경험도 못 해봤고, 대학 때는 장학금도 받고, 학비도 아르바이트로 다 충당을 했기 때문에 내가 일하면서 돈을 벌면 되지 하는 마음이었어요.

그전까지만 해도 저축을 한다든지 그런 생각이 없어서 모아놓은 돈도 많지 않았어요. 그런데 배우를 하려다 보니까

배울 게 너무 많더라고요. 퇴직금도 몇 개월 안 돼서 다 써버리고 1년 반, 2년쯤 됐을 때 경제적인 부담이 확 오더라고요. 그때가 우울감도 같이 오던 때여서 힘들었어요.

이런 상황들을 일찍 알았더라면 그렇게 섣불리 그만두지 못했을 거예요. 지금도 가끔 직장을 그만두는 일에 대해 상담하는 친구들이 있는데 준비가 되어 있지 않으면 그만두지 말라고 얘기해요. 네가 정말 이게 아니면 죽을 거 같았으면 나한테 물어보지도 않았을 거다. 그럴 바에는 차라리 차근차근 이걸 왜 하고 싶은지를 다시 들여다봐라. 지금 무언가에 대한 불만이 있다면 다른 곳에 가서도 불만이 생길 수밖에 없을 거라고 얘기해요.

자신감이 있었다고 표현하시기는 했지만, 경제적인 안정과 대외적인 이미지를 버린다는 건 생각보다 쉬운 일은 아닐 거 같은데요.

경찰 내에서 성공한 분들을 많이 만나봤어요. 그런데 그분들의 생활이 전혀 행복해 보이지 않더라고요. 승진한다고 행복해지는 건 아니구나 싶었어요. 연금을 꿈꾸며 안정적으로 사는 삶도 좋겠지만, 저한테는 다른 꿈이 있었어요.

드라마 「시그널」에서도 그렇지만 프로파일러라는 경력이 배우 활동에 여러모로 도움이 될 거 같은데요.

제가 처음에는 배우만 고집했거든요. 배우가 되려면 전직과 관련된 것이 아니라 오로지 배우 일만 해야 한다고 생각했어요.

지금도 경제적으로는 힘들어요. 돈은 대부분 전직과 관련된 자문, 방송으로 벌고 있어요. 뮤지컬을 할 때 돈을 벌긴 했는데 대구에 내려가서 했던 거라 머무는데 들어간 돈이 더 많았어요. 배우로서 그나마 돈을 벌기 시작한 건 최근이에요.

데뷔한 지 4년 차인데, 예전에는 배우 일만 해야 한다는 강박감이 있었어요. 방송일도 배우로 가기 위한 발판이었고요. 언젠가 엄마가 용돈을 주셨는데, 죄송한 마음이 들더라고요. 지금은 배우만 고집하지는 않아요.

그것도 완벽주의에서 오는 거 아니었을까요.

네, 그렇죠. 그래서 올해부터는 무조건 돈을 벌려고요. (웃음)

그동안 엄격하게 기준을 지켜왔는데, 이제는 좀 자유로워지는 게 아닐까 싶기도 하네요. 프로파일러라는 경력이 당연히 기반이 되어야 할 거 같아요. 중요한 자산이잖아요. 지금의 나를 만들고 내가 배우로서 연기하는데 밑거름이 되어 준 거니까요. 보통은 있는 스펙, 없는 스펙 다 적지 않나요. (웃음) 취업할 때도 그렇고요.

전에는 프로필을 만들 때 어떻게 하면 프로파일러라는 걸 티 안 나게 할 수 있을까 고민했는데 지금은 프로파일러였다는 점을 적어요.

연기하는　　　　　　　김윤희

배우를 하면서 가장 기뻤던 일은 무엇인가요.

배우를 하면서 가장 기쁜 건 연기하는 순간 역할에 몰입할 때가 있어요. 그때는 기쁜 줄도 모르는데 끝나고 나면 심장이 막 뛰고 행복해져요.

특정한 일 때문이 아니라 순간순간 겪게 되는 거네요.

최근에 오랜 연기생활을 한 언니들에게 "너 이제 얼굴에서 배우티가 난다", "이제 배우 같다"는 말을 들었는데 그때 정말 행복했어요. 배우 얼굴이라는 게 있거든요. 대학로에서 지나가는 사람을 보면 배우인지, 관객인지 알 수 있어요.

아마 예전이었으면 "경찰이신가요?" 했을지도 모르겠는데요. (웃음) 지금은 배우가 나를 닮은 일이 된 거네요.

조금씩 조금씩 싹이 트는 거 같아요. 아빠가 뮤지컬 공연을 보러 오신 적이 있어요. 옛날 분답게 무뚝뚝하게 보고만 가셨는데 돌아가는 차 안에서 '정말 잘하지 않느냐'고 얘기하셨데요. 그 얘기가 큰 도움이 되더라고요.

배우를 하면서 가장 힘든 점은 무엇인가요.

경제적인 게 제일 커요. 경제적인 게 힘들다 보면 사람이 작아지잖아요. 다른 사람을 만날 때도 그렇고, 일상생활에서도 작아지는 일들이 많아지더라고요. 그리고 부모님 부양은 둘째치고 부모님이 아직도 제 미래를 걱정하고 있으시다는 게 마음이 좋지 않죠.

점점 만들어져 가는 과정이겠죠. 시작도 어렵지만 만들어가는 과정도 그렇고요. 이건 여담인데 저는 곱창을 먹고 싶을 때면 매출 얼마 되면 먹겠다고 결심을 해요. 사람들이 언제 먹는 건데 하면 '4, 5개월 뒤에?'라고 하죠. (웃음)

그게 재미있지 않나요. (웃음)

4, 5개월 뒤에는 먹을 수 있다는 희망은 있는 거니까. (웃음)

지금은 언니들한테 안 입는 옷 있으면 달라고 해요. 한 번도 그런 적이 없었는데 스스로 이제 유들유들해졌구나 하는 생각이 들어요.

스스로 더 강해지고 있고 즐거워지고 있다는 증거 아닐까 싶어요. 신경 쓰는 일이 없어지는 거죠.

한편으로는 아줌마가 돼가는 거 같아요. (웃음)

배우를 선택하면서 가장 달라진 점은 무엇인가요?

제일 많이 달라진 건 성격인 거 같아요. 성격은 고유한 거라 잘 변하지 않겠지만 삶을 대하는 마음가짐이 제일 많이 변한 거 같고요. 자연스럽게 제 주변 사람들도 많이 달라졌어요. 전에는 제 주변에 부정적인 사람들이 많았어요. '안돼, 더 생각해봐!' 라고 하는 사람들이요. 그런데 지금은 방법을 찾아주는 사람들이 많아요.

부모님도 많이 변했어요. 예전에는 무조건 최고가 되라고 하셨는데 지금은 인생 살아보니 별거 없다며 즐기라고 하세요. 한때는 부모님 때문에 내가 이렇게 강박적인 사람이 됐다고 생각했어요. 그런데 제가 어느 순간 변하면서 내가 피해자였던 게 아니라 나도 엄마 아빠에게 가해자였을 수 있겠구나 생각하게 됐어요. 상호작용이었던 거죠. 이걸 깨닫기까지 오래 걸렸어요. 물론 경제적인 것도 많이 변했어요. (웃음)

돈을 바라보는 시각이 많이 변했어요. 예전에는 돈이 없어질까 봐, 돈을 벌지 못할까 봐 두려움이 있었다면 지금은 돈이라는 게 목적이 아니라 수단으로 바뀐 건 확실해요.

배우라는 일은 본인에게 어떤 의미가 있나요.

프로파일러로서 범죄자들과 얘기할 때는 말이라는 게 무기력하고 약하다고 생각했어요. 그런데 어느 날 봤던 한 편의 뮤지컬에서 배우가 주는 에너지가 정말 좋았던 거예요. 학습되고 머릿속에 있는 말이 아니라 내 몸으로 표현된 말을 사람들에게 전달하고 싶었어요.

면접 지도를 했던 아이 중에 막노동을 하던 아이가 있었거든요. 왜 배우를 선택하게 됐는지 물었더니 어느 날 「광해」를 봤는데

이병헌이 신하들에게 부끄럽지 않냐고 하는 말이 자신에게 하는 것처럼 들리더래요. 그 순간 자신의 삶이 부끄러워서 나는 무엇을 해야 할까 고민하다가 연기자가 되고 싶었다고 하더라고요. 그 아이는 연기를 할 때 말의 에너지가 달랐어요.

스스로 뭘 원하고, 좋아하는지를 생각하고 깨달았던 거네요.

사람이 태어나고 자라면서 부모님이나 주변에서 정보들을 넣게 되잖아요. 끊임없이 '나'라는 사람에 대해 생각하는 사람은 내가 좋아하는 게 뭔지, 하고 싶은 게 뭔지를 생각하겠지만, 그냥 주변에서 넣어준 정보대로 살아가는 사람들은 그렇지 못하겠죠.

그러다가 어느 한순간 이게 아닌데 싶기도 하겠죠. 그럼에도 답을 찾는 거보다 이렇게 사는 게 편하다고 생각하게 될 수도 있고요. 영화 「매트릭스」에서 가짜라는 걸 알면서도 그걸 선택하는 사람도 있잖아요.

나의 욕구에 대해 생각하지 못하다가 취업, 결혼과 같이 흐름에 맞춰 살다 보면 그 흐름을 깨고 나오기가 쉽지 않겠죠.

제 동생이 가끔 자기는 뭘 좋아하는지 모르겠다고 얘기를 해요. 제 동생도 경찰 일이 다 좋아서 하는 건 아닐 거잖아요. 지금도 찾는 중이에요, 뭘 좋아하는지. 저도 동생이 원하는 게 뭔지, 좋아하는 게 뭔지 같이 찾아보려 하거든요. 그런데 가족한테는 그게 잘 안되더라고요. 막상 동생에게는 좋아하는 걸 써봐,

행복했던 때가 어떤 때였는지, 그런 걸 잘 못해요. 정말 찾아주고 싶다는 생각은 하는데…….

쉽지 않은 선택을 하고, 그 과정을 지나고 있으신데 배우를 선택한 것에 대한 후회는 없으신가요?

없어요.

단호하시네요. 없다고 하실 거 같았어요. (웃음)

제가 예전에는 몸 쓰는 걸 제일 싫어했었어요. 그런데 지금은 몸 쓰는 게 제일 좋아요. 이렇게 되는데 꽤 오래 걸렸거든요. <u>힘든 일, 하기 싫은 일도 어느 정도 꾸준히 하다 보면 정성을 들인 만큼 사랑하게 되더라고요. 그걸 알게 된 게 좋아요. 배우를 하지 않았으면 알 수 없는 일들이죠.</u>

무언가를 하면 새롭게 알게 되는 것들이 있죠. 시도하지 않으면 영원히 몰랐을 일이고요.

깨달음이죠.

어떤 배우가 되고 싶으신가요.

제가 닮고 싶은 배우가 메릴 스트립이거든요. 진짜를 말하는 배우가 되고 싶어요. 있는 그대로 최대한 '척'하지 않고 진짜가 되어서 얘기하는 사람.

연기하다 보면 완전히 이입되지 않았는데 어떤 감정이 드는 척하면서 연기를 할 수도 있거든요. 자신을 스스로 속이는 거예요. 대본을 보고 슬픈 장면이니까 슬픔을 먼저 가져가 버려요. 진짜를 연기하는 배우가 됐으면 좋겠어요.

어떤 배우가 나는 이 직업으로 벌어 먹고사는 배우가 되고 싶다고 한 적이 있어요. 예전에는 그 대답에 대해 부정적이었어요. 그런데 그게 이 분야에서 얼마나 어려운 건지, 정말 프로가 되지 않으면 그렇게 되기 힘들다는 걸 알게 되니까 저도 그 친구처럼 배우로서 벌어 먹고사는 게 일차 목표가 됐어요.

그다음에는 배우 김윤희로, 그리고 '나'를 잃지 않는 인간 김윤희로 살아가는 게 꿈입니다.

말씀처럼 배우 김윤희로 좋은 연기를 보여주셨으면 좋겠고요. 또 나를 잃지 않는 인간 김윤희의 활동도 기대 하겠습니다.

나가는 말

"경험을 단절당한 거지", "좋아하는 게 없다고 해도 싫어하는 걸 제외하다 보면 남는 게 있잖아. 바로 그게 내가 좋아하는 게 아닐까?", "사람마다 먹고사는 기준은 다르니까", "실제보다 두려움이 문제 아닐까? 마음의 저항 같은 거", "고생이 다 거름이 되는 것도 아니고, 똥이 되기도 하는데".

인터뷰를 녹취하고 편집하는 동안 사람들을 만나 이야기를 나눌 때마다 인터뷰이들과 나눴던 얘기들이 불쑥불쑥 제 입을 통해 나오고 있었습니다. 그렇게 그들의 말과 생각이 자리를 잡아 제 생각처럼 나오고 있었던 겁니다. 말을 다른 누군가에게 전한다는 건 자신도 한 번쯤 생각해보게 되었다는 걸 의미한다고 생각합니다.

혹시 인터뷰를 읽기 전 '나를 닮은 일'이 무엇인지 생각해 보셨나요. 읽은 후에는 어떤가요. 인터뷰이에게 했던 질문들은

연기하는　　　　　　　**김윤희**

그들에게만이 아니라 스스로에게도 던질 수 있는 질문 아닐까 싶습니다.

자신만의 질문을 만들고, 그 질문마다 답을 적어보는 건 어떨까요? 어쩌면 자신도 몰랐던 내 생각과 모습을 발견할 수 있을지도 모릅니다.

당신은 어떤 답을 할까요?
'좋아하는 일만 해서는 살 수 없다'는 이야기에 대해 어떻게 생각하시나요.
당신이 생각하는 일의 의미는 무엇인가요.
당신의 일이 다른 사람들에게 어떤 의미가 되었으면 하나요.
당신의 선택에 후회가 남지 않기 위해서는 무엇을 해야 할까요.
앞으로의 계획은 무엇인가요.
어떤 삶을 살고 싶으신가요.

나를 닮은 일

초판 1쇄 발행　2018년 10월 19일

지은이	김남규	**인쇄·제본**	넥스트프린팅
디자인	OON	**종이**	(표지) 210g 아르떼
펴낸곳	일토		(본문) 80g 클라우드
출판등록	2014년 7월 8일 제300-2017-32호	**ISBN**	979-11-956119-3-5
주소	서울시 종로구 삼봉로 57, 9층 (수송동, 호수빌딩)		
전화	02-577-2846		
팩스	02-6280-2845		
이메일	rabbitroad0308@gmail.com		
홈페이지	www.RABBITROAD.co.kr		

이 책은 저작권법에 따라 보호를 받는 저작물이므로 무단 전재와 복제를 금하며, 이 책 내용의 전부 또는 일부를 이용하려면 반드시 저작권자와 일토의 서면 동의를 받아야 합니다.

* 잘못된 책은 구입하신 곳에서 교환해 드립니다.
* 책값은 뒤표지에 있습니다.

「이 도서의 국립중앙도서관 출판예정도서목록(CIP)은 서지정보유통지원시스템 홈페이지 (http://seoji.nl.go.kr)와 국가자료공동목록시스템(http://www.nl.go.kr/kolisnet)에서 이용하실 수 있습니다.(CIP제어번호: CIP2018030814)」